AF359426

Les chemins de fer en Angleterre

Construction et exploitation
des gares à marchandises dans les grandes
villes.

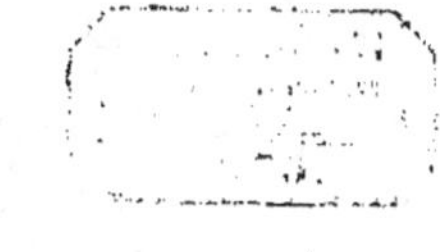

A diverses reprises je suis allé en Angleterre pour étudier la
construction des chemins anglais et leurs aménagements intérieurs, et
entre autres les méthodes employées pour établir les relations des
chemins de fer avec la navigation, j'ai été ainsi amené à comparer
le mode d'exploitation et la construction des grandes gares de
marchandises en France et en Angleterre.

Dans une note spéciale, j'ai indiqué ce qu'il me paraissait
convenable de faire pour établir dans les meilleures conditions possibles
les relations entre les chemins de fer et les quais des bassins des
ports de mer.[1] Pénétré de la pensée qu'il pouvait être utile de
faire connaître en détail les installations spéciales qui caractérisent
les grandes gares anglaises, je me suis occupé de réunir tous les
renseignements que j'ai pu recueillir, et je me suis attaché autant
que possible dans cette étude à accompagner mes documents de
dessins et de croquis, de manière à permettre à ceux qui s'occupent
d'exploitation de connaître à fond la construction des gares
anglaises. J'espère être ainsi arrivé à éviter beaucoup de tâtonnements
et d'études à ceux qui voudront appliquer les mêmes méthodes.

---

(1) J'ai pensé qu'il était inutile de revenir sur cette question, mais pour donner une
idée de ce que j'ai dit à ce sujet, j'ai mis aux annexes ma note sur les gares maritimes.

Considérations générales

Lorsque l'on étudie les chemins de fer en Angleterre et lorsqu'on les compare aux chemins de fer du continent un point auquel il faut tenir grand compte, c'est le trafic énorme des chemins de fer anglais, les habitudes du public, le faible parcours des marchandises, l'absence de l'Octroi et la liberté absolue dont jouissent les compagnies anglaises au point de vue du camionnage. Les Compagnies anglaises ont la faculté absolue de faire ou de ne pas faire le camionnage, de recevoir en gare les marchandises ou de faire les expéditions de domicile à domicile. [1]

La liberté laissée aux compagnies anglaises a une importance considérable et leur donne des facilités beaucoup plus grandes que sur le continent pour imprimer aux divers services, dans les gares, la direction qui leur convient sans que le public puisse venir les troubler.

Les villes anglaises, en raison de la division des familles qui occupent généralement une seule maison, sont très étendues, l'agglomération de la population est beaucoup moins grande que dans nos villes françaises. Dans les grandes villes chaque compagnie a plusieurs gares de marchandises. Cette multiplicité des gares de marchandises a pour but de diminuer les transports par camions en amenant les marchandises le plus près possible de l'endroit où elles doivent être consommées.

Aussi malgré les dépenses énormes nécessitées pour l'expropriation des terrains ou par les travaux d'approche, les Compagnies anglaises ne reculent pas devant les sacrifices les plus considérables pour amener les marchandises le plus près du centre.

---

[1] en France au contraire par l'art. 52 du cahier des charges, les destinataires ont le droit de faire le camionnage;

Quelques exemples serviront à faire voir ce qui se passe et je choisis à cette intention deux des villes les plus importantes, Londres et Liverpool.

A Liverpool une seule Compagnie, la Compagnie de Londres et North-Western, a six gares de marchandises.

La Compagnie de Lancashire et Yorkshire trois gares, le Midland 2 gares, le Great-Western 1 gare.

A Londres, la Compagnie de Londres North-Western a à elle seule cinq gares de marchandises - L'une de ces gares est au centre de la cité à 500 mètres de l'hôtel de ville ‹Mansion House›

Quatre des gares du London et North-Western à Liverpool sont placées sur le quai de Liverpool, rive gauche de la Mersey, et distantes les unes des autres de 2.500 mètres environ ; les deux autres sont sur la rive droite. L'examen du plan des villes de Londres et de Liverpool est donc intéressant à ce seul point de vue et montre la différence qui existe avec la disposition des gares de Paris par exemple. A Paris les gares de la Chapelle, d'Ivry, de Bercy et des Batignolles sont à d'énormes distances du centre de la ville et les gares nouvelles qui ont été annexées aux anciennes, au lieu de se rapprocher du centre de Paris, tendent au contraire de plus en plus à s'en éloigner.

A l'origine la ligne de Lyon en avait une seule, celle de Bercy, à cette gare on a adjoint successivement deux autres: la gare de la Rapée et celle de Nicolaï, qui toutes les deux ont été construites en un point plus éloigné. Or, à cette augmentation des distances correspond l'augmentation des dépenses et les difficultés de camionnage. Tandis qu'il est extrêmement facile de faire parcourir un ou deux kilomètres de plus aux trains de marchandises sans dépenses appréciables, un ou deux kilomètres de parcours en plus pour le camionnage créent des difficultés extrêmement graves et coûteuses pour les Compagnies. Les Compagnies anglaises entrent au contraire résolument dans la voie du rapprochement et plusieurs gares se construisent actuellement au centre de la cité pour arriver à diminuer jusqu'à la plus extrême limite les frais de camionnage.

Il est juste toutefois de faire observer que jusqu'à présent les compagnies anglaises, dans ces gares centrales, usant de leur liberté ne font pas d'arrivages ni d'expéditions en gare, que tout le trafic dans ces gares particulières a lieu de domicile à domicile, de manière à ce que l'enlèvement des marchandises se fasse à mesure de leur arrivée. La marchandise d'expédition collectée dans divers bureaux de Londres, est delà portée à la gare où elle est chargée immédiatement. Les écritures faites dans les bureaux de la ville permettent jusqu'à un certain point de gagner du temps.

Aux arrivages, la marchandise aussitôt arrivée est à la minute mise dans les camions et portée à domicile; il est vrai de dire que l'absence d'octroi est d'un grand secours pour les gares anglaises, puisque l'on peut ainsi enlever les marchandises aussitôt l'arrivée en gare et sans qu'il soit nécessaire de faire une reconnaissance spéciale comme celle qui est exigée chez nous. J'ai la conviction que les difficultés que l'on rencontre dans les gares françaises, les dépenses excessives auxquelles cette reconnaissance entraîne, le ralentissement opéré dans les manutentions, auront pour effet d'arriver à modifier les agissements de l'octroi sinon à supprimer l'octroi des villes qui cause au commerce et aux Compagnies de graves préjudices en ralentissant leurs opérations. Je suis convaincu également que si le trafic prenait le développement des gares anglaises la suppression de l'octroi deviendrait une nécessité absolue.

Je ne saurais trop insister sur cette aggravation de nos charges en France à cet égard et je crois que lors de l'enquête de 1860, M. Monssette, qui avait fait la comparaison des gares anglaises et des gares françaises, dans sa critique très juste de l'étendue des gares françaises ne s'était pas assez rendu

compte de l'influence de l'octroi des villes, de cette douane intérieure
un des plus cruels ennemis des compagnies par le ralentissement
obligé qu'il cause à nos opérations.

La première question à étudier chez nous sera donc celle de
pallier l'inconvénient des formalités de l'octroi, et comme je l'ai
dit déjà dans une autre occasion, de voir s'il n'y a pas moyen
de réduire la reconnaissance à celle faite par les employés des
compagnies qui pourront être chargés d'une délégation spéciale
pour cet objet.

Le régime du trafic de domicile à domicile n'est pas général
partout en Angleterre comme le dit M. Jacquemin dans son
ouvrage sur les chemins de fer < page n° 464 Tme 1 >. La concurrence des
chemins de fer anglais, les nécessités du commerce et le désir de
le mieux servir, commencent à obliger les compagnies à conserver
les marchandises d'arrivage dans leurs gares. Il arrive en
effet qu'un commerçant, lorsqu'il fait des expéditions vers un
point, n'a pas toujours vendu la marchandise qu'il expédie;
il espère que lorsque cette marchandise sera arrivée à la
gare il pourra arriver à la placer, à la vendre; mais pour la
vendre, il faut qu'il la fasse voir, qu'il la présente à sa
clientèle et il est donc de toute nécessité que cette marchandise
attende quelques jours, car si le commerçant était obligé de
la transporter hors de la gare, il aurait à payer un double
camionnage, une double manutention, de là des frais
considérables surtout dans les grands centres et par suite
des pertes très-sensibles pour le commerce.

Aussi les Compagnies anglaises ont-elles maintenant la
tendance dans plusieurs endroits, à Londres et à Liverpool
en particulier, à offrir au commerce de vastes magasins à
étages pour recevoir la marchandise et pour la conserver
quelque temps, laissant ainsi aux négociants le temps de
pouvoir trouver un preneur.

En Angleterre, dans les grands centres, cette idée se
développe de plus en plus; à Liverpool, par exemple, il y a

plusieurs gares qui se trouvent être en même temps un dépôt de marchandises. Ce dépôt est un moyen de crédit pour la marchandise qui y est déposée comme dans un magasin public, de sorte que cette marchandise supporte moins de pertes; sa valeur pouvant au besoin ne pas supporter de perte d'intérêts par le fait de son transfèrement à des tiers qui deviennent propriétaire par le seul fait du transfert de la lettre de voiture émanant de la Compagnie.

Les gares anglaises dans certains cas spéciaux tendent donc à devenir les analogues des docks ; ainsi, tandis que les docks qui bordent les bassins reçoivent les marchandises importées, les mettent à l'abri, les conservent, les warrantent, de même les gares des chemins de fer doivent devenir à leur tour les abris, les dépositaires et au besoin les garants des transactions entre négociants.

Sur le continent où les marchandises parcourent de grandes distances sur les chemins de fer, le rôle que doivent tendre à remplir les gares est plus accusé qu'en Angleterre, même, où les parcours par chemin de fer sont relativement faibles.

Pour en revenir aux gares anglaises, on peut les classer en deux catégories, les gares de passage et les gares d'entrepôt.

Mais dans les deux systèmes on recherche toujours le maximum de rapidité dans la manutention telle est la règle absolue, et pour assurer cette rapidité, la concentration du travail sur une surface aussi restreinte que possible. On a accumulé sur certains points les systèmes les plus perfectionnés et les plus rapides pour la manutention des marchandises d'où il résulte l'utilisation la plus complète de la surface occupée et l'utilisation la plus parfaite des wagons qui sont, en Angleterre, considérés comme de détestables magasins et qui aussitôt arrivés sont immédiatement déchargés pour être réexpédiés de nouveau.

Multipliant ainsi la faculté productrice du chemin de fer

qui dépend de la vitesse imprimée au mouvement des wagons, vitesse qui est l'élément le plus puissant de la rapidité des transports eu chemin de fer, car il est évident que du moment où les wagons sont constamment en mouvement—ils produisent un effet utile beaucoup plus considérable et qui n'a de limite que la vitesse que l'on peut imprimer à leur circulation sur les voies ferrées ; il est bien certain que cette activité toujours constante comparée à la notre où souvent nos wagons servent de magasins, où nous différions les trains et les wagons chargés parceque nous ne pouvons pas les décharger, il est bien évident que la capacité utile de nos chemins est bien différente des chemins anglais quand le trafic prend une certaine activité sous l'influence des productions et des échanges à certaines époques de l'année.

Avant d'entrer dans la description des gares anglaises et dans la description des divers modes employés pour les manutentions de ces gares, il est un point sur lequel il est nécessaire d'appeler l'attention des ingénieurs. Dans un chemin de fer, tout devant concourir au même but, les opérations se lient étroitement les unes aux autres et il n'est pas possible de faire une étude d'un détail sans consulter en même temps l'ensemble des opérations pour savoir si ce détail ne rencontre pas des difficultés dans le but général que l'on poursuit.

Ainsi les machines et leur poids sont liés étroitement à la constitution de la voie, à la dimension des rails, au nombre de leur support, elles sont étroitement liés aussi à la raideur des courbes, à la déclivité du chemin – La forme du matériel roulant est une donnée qui dépend absolument de la forme des gares et de la nature des objets transportés, de la manière dont la manutention s'opère dans les gares.

En France, jusqu'à présent, les manutentions à la main et les gares d'une étendue considérable, n'ont pas fait sentir la nécessité d'étudier un matériel destiné à satisfaire aux exigences que créerait la manutention faite par les systèmes mécaniques.

Les wagons couverts en France sont très-nombreux, or ces wagons sont absolument impropres à l'usage des grues il faudra pour arriver à employer les pratiques, qui deviendront bientôt une nécessité, que nous reformions nos idées sur cette construction — A l'avenir, en prévision de ces changements, il ne faudra plus construire un seul wagon fermé par le dessus ; il faudra que nos wagons sans exception puissent s'ouvrir à la partie supérieure pour que le crochet des grues puisse venir y prendre la marchandise et permettre l'usage des grues, car s'il en était autrement il faudrait fractionner le service de la manutention et arrêter le service des machines devant certains wagons ce qui, en immobilisant le travail mécanique, rendrait le service impossible puisqu'il détruirait l'uniformité dans la manutention des marchandises.

Ainsi la première mesure à prendre avant tout autre, si on se décide à employer la méthode anglaise, et il faudra y arriver avec le développement du trafic, il faut que l'on ne fasse plus de wagons couverts.

Les wagons fermés analogues aux wagons K de la Compagnie de l'Ouest devront avoir sur la toiture une trappe glissante qui permette au crochet des grues l'accès dans l'intérieur du wagon pour décharger les marchandises quelles qu'elles soient pour être mises en magasin, puisque, comme nous l'avons déjà dit, la nécessité s'accuse de plus en plus dans le trafic des grandes gares, de livrer au commerce des gares magasins où la marchandise puisse séjourner plusieurs jours en attendant l'enlèvement.

Je crois devoir insister d'une manière spéciale sur une étude attentive du matériel de transport pour répondre aux exigences de la manutention mécanique qui doit s'imposer de plus en plus dans les Compies de chemins de fer.

Il y a, en effet deux causes prédominantes qui augmentent d'importance chaque jour et desquelles nous devons nous inquiéter pour préparer la transformation radicale de nos opérations.

La première cause est l'abondance du trafic qui se développe chaque année, cette abondance doit avoir pour effet d'après les observations très-judicieuses de M. Mousette, d'étendre indé-finiment les gares.

Cette extension indéfinie, outre qu'elle devient pour les compagnies une difficulté considérable en ce sens qu'il sera bientôt presque impossible à moins de dépenses énormes d'acquisition de trouver les emplacements nécessaires, cette extension a l'inconvénient très-sensible déjà de disperser les services sur une énorme étendue, de rendre la surveillance très-difficile et d'empêcher l'emploi d'engins mécaniques pour le déchargement.

La seconde cause qui nécessitera la transformation de nos opérations, c'est le prix croissant de la main-d'œuvre et sa rareté de plus en plus sensible. Cette cause qui déjà influe beaucoup sur le prix de revient des manutentions doit s'accuser chaque jour davantage et sera une nécessité très-prochaine pour les grandes gares. Le seul moyen d'atténuer les dangers et les inconvénients d'une pareille situation, c'est de diminuer les opérations manuelles et de les réduire le plus possible par l'emploi des appareils mis en mouvement par des machines à vapeur. Dans toutes les industries cette pensée se développe, chaque jour on cherche à diminuer la main-d'œuvre pour la remplacer par le travail des machines. Cette préoccupation s'étend même à des travaux qui, jusqu'à présent, avaient paru devoir échapper à l'emploi des machines, dans les terrassements, dans les travaux de draguage de l'isthme de Suez, dans les travaux des tunnels du Mont Cenis et du St Gothard, dans la fabrication du fer et de l'acier, on commence a en faire le plus grand usage. La crise des charbons aurait été peut-être moins aiguë et se serait perpétuée moins longtemps qu'elle ne l'a fait si on avait pu substituer, à la main-d'œuvre, des machines pour l'abattage du charbon, et si nous sommes bien renseignés on recherche, en ce moment, le moyen de trouver les machines propres à remplacer en partie les ouvriers.

Pour les chemins de fer où la manutention augmente chaque jour d'importance et proportionnellement au trafic, il n'est plus possible de penser que l'emploi des appareils mécaniques ne devienne une nécessité prochaine au point de vue de l'économie. Il est aussi une nécessité créée par l'économie bien entendu des transports; s'il est facile de faire parcourir sur rails quelques kilomètres supplémentaires il est très onéreux, très-difficile et très-coûteux de faire les camionnages sur ces quelques kilomètres, et la tendance des Compagnies doit être de rapprocher les gares des marchandises des grands centres à desservir. Or, cette nécessité de rapprochement des gares dans les emplacements où le terrain est à un prix élevé ne peut être résolue que par l'utilisation, à plusieurs étages, des terrains mis à la disposition des Compagnies, cette nécessité entraîne après elle l'emploi d'appareils mécaniques et comme conséquence forcée, immédiate, absolue, la transformation du matériel couvert en un matériel découvert ou pouvant se découvrir.

Il est encore une nécessité toute spéciale à nos réseaux continentaux : les distances considérables que les marchandises ont à parcourir nécessitent souvent des transbordements aux points de contacts des grands réseaux. Or, si on recule devant la nécessité des transbordements, cela tient à l'absence des modes perfectionnés de transbordement et ces modes ne peuvent exister que par l'emploi le plus complet des engins mécaniques de toutes sortes.

Ainsi donc, et nous croyons l'avoir démontré, tout concourt à faire que les moyens mécaniques de déchargement doivent être une des préoccupations d'un avenir très-prochain si on ne veut pas voir les exploitations françaises grevées de dépenses énormes, non pas seulement par le fait de l'emploi de la main-d'œuvre aux déchargements, mais par l'impossibilité de la trouver et de rendre immédiatement disponibles les wagons qui, par notre méthode d'exploitation, sont fort mal utilisés en ce sens que les wagons restent beaucoup plus de temps inoccupés qu'ils ne devraient l'être, puisqu'ils restent souvent plusieurs jours chargés et différés dans les gares faute de pouvoir les décharger. (1)

Il se place ici une observation qui a des conséquences énormes dans la rapidité du dégagement des gares; pour le travail manuel il faut des surfaces dix et vingt fois plus considérables que pour le travail mécanique; avec une machine on peut sur quelques mètres, en accélérant la vitesse, faire dix et

---

(1) Pour préciser les inconvénients de notre système français il convient de citer les chiffres comparatifs des deux méthodes. Il résulte des chiffres de 1872 qu'en Angleterre on a transporté 179 millions de tonnes à une distance moyenne de 58 kilomètres; qu'en France on a transporté 53 millions de tonnes à une distance moyenne de 141 kilomètres.

Les Compagnies anglaises ont employé . . . . 301.000 wagons
Les Compagnies françaises — . . . . 141.000 —
Chaque wagon anglais a donc fait comme tonne kilométrique $\frac{179.000 \text{ millions}}{300.000^m} \times 58$
= 34624 tonnes;
Chaque wagon français a fait . . . . $\frac{53.000 \text{ millions}}{141.000^t} \times 148$
= 55 500 tonnes.

Mais chaque voyage du wagon anglais étant de 58 Kil., ce wagon s'est arrêté 5 fois tandis que le wagon français qui parcourant 148 kilom. ne s'est arrêté que . . 2 fois.

Or, en comptant une perte de un jour par arrêt le wagon anglais a perdu 5 jours, le wagon français 2 jours. De sorte que la tonne effective du wagons anglais est de 34620×5=173 100 et la tonne effective du wagon français est de . . . . 55500×2=111.000 c'est-à-dire que pour faire le trafic anglais avec la méthode française il faudrait ⅓ en plus de wagons, soit 100.000 wagons à 2.500f. = 250.000 millions ou à 10 p.% une dépense annuelle supplémentaire de 25 millions

vingt fois plus de travail qu'avec des hommes. Car l'emploi des hommes la vitesse ne peut être augmentée qu'en étendant énormément la surface du déchargement.

Les exemples dans de pareilles questions sont le meilleur des arguments et servent mieux à démontrer l'efficacité et les avantages d'un système. Au Havre, la Compagnie de l'Ouest possède une grue à vapeur, avec cette grue, en une journée, on arrive à charger en wagon découvert 200 et même 250 tonnes de marchandises en 8 heures au prix de 0.20 à 0.25, sur une longueur de voie qui n'excède pas 20 mètres. Or il est reconnu que la manutention à la main coûte environ 0.75 par tonne en moyenne pour la marchandise dont on fait effectivement le chargement. 250 tonnes à 0.60 représentent une dépense de . . . . 150ᶠ.. en comptant les hommes au prix de 3ᶠ.50 il faudrait 43 hommes employés pour ce travail

Or, le travail de 43 hommes exige certainement l'emploi de 9 wagons à la fois à raison de 5 hommes par wagon et c'est déjà beaucoup ; pour ces 9 wagons il faut au moins un espace de 90 mètres de longueur. Il résulte que si l'on considère le prix plus considérable du chargement, l'intérêt du capital employé pour la création de la place disponible, on voit quelle marge est laissée à l'avantage de la vapeur qui n'emploie que 20 mètres de longueur et qui, en employant que 4 hommes au lieu de 43, rend le recrutement des hommes beaucoup plus facile.

Il est également une autre considération d'une importance non moins grande, c'est que la machine et un chauffeur sont immédiatement disponibles tandis que les hommes sont souvent difficiles à trouver, et si l'on ne veut pas courir le risque d'en manquer il faut en conserver un plus grand nombre que les besoins réels de la gare. Une opération est-elle terminée dans le milieu du jour il est impossible de renvoyer les hommes de suite, de là une nouvelle perte qui vient s'ajouter aux autres, tandis que le travail de la grue arrêté, la dépense cesse à l'instant. Enfin pour ne rien laisser de côté il faut faire remarquer que le travail constant des machines évite les intermittences qui se rencontrent dans le travail des hommes. Des machines qui ne peuvent atteindre uniquement au travail une activité qu'il ne possède jamais avec le travail uniquement manuel, cela est un principe dont l'industrie en général donne l'exemple chaque jour; les hommes causent, s'arrêtent, la machine ne s'arrête jamais.

Avant de quitter ce sujet je veux citer un exemple de rapidité exceptionnelle qui existe sur le réseau de l'ouest, dans le port de Dieppe, et qui donne la mesure des résultats que l'on peut atteindre avec des grues mécaniques.

Dans le port de Dieppe il existe une entreprise de bateaux à vapeur qui possède la concession d'une place à quai de 70 m. de longueur, or, en deux jours sur cette longueur de 70 mètres, et on le fait fréquemment, on peut décharger et charger avec 3 grues 1200 tonnes, de sorte que le quai peut recevoir par 12 heures 600 tonnes de marchandises, que les 70 mètres de quai peuvent suffire, au besoin pendant une année, à la manutention de

$$300 \times 600 = 180\,000^{\text{T}}$$

Ce travail énorme peut se faire avec une équipe de 2 chauffeurs et de 3 mécaniciens et avec un personnel de 25 hommes environ.

Le prix de la manutention ne s'élève pas à plus de 0.15 à 0.20 par tonne.

C'est un exemple merveilleux de la rapidité qu'on peut arriver à obtenir dans un espace aussi restreint, et cela donne la mesure de ce que l'on peut obtenir par la manutention mécanique dans les gares, et qui n'a de limite que la rapidité avec laquelle on peut faire arriver ou faire partir les wagons.

J'aurai des faits semblables à montrer dans les gares

anglaises mais j'ai tenu à faire voir que chez nous il existe déjà des exemples de ce que l'on peut arriver à obtenir, et qu'il suffit d'un nouvel effort pour arriver à développer partout cette activité et cette rapidité indispensables à l'avenir de nos chemins de fer français.

J'insiste d'autant plus sur ces détails d'expérience que dans certains cas où les appareils mécaniques avaient été utilisés, l'emploi de ces appareils n'a été abandonné que par des erreurs commises dans leur application, et que l'on n'a pas su donner au système le complément qui lui est nécessaire.

Dans les gares de Bercy et de la Rapée on a établi, il y a plusieurs années, des engins mécaniques à vapeur et à pression d'eau; mais au bout d'un certain temps ces appareils ont été détruits et on en a abandonné l'usage.

En recherchant la cause de cette abandon de la part d'une compagnie qui avait consacré des sommes importantes, plusieurs millions, à cette installation, j'ai reconnu que la cause de l'échec que l'on avait éprouvé tenait à diverses causes: la première, la plus importante, à la disposition défectueuse des voies de la gare où les appareils avaient été établis. Elle tenait aussi à l'emploi de wagons couverts ou ne se découvrant pas par le haut et ne permettant pas au crochet des grues. de pénétrer dans les wagons; peut-être encore à l'inexpérience des agents chargés de la manœuvre; il eut peut-être été utile, à l'origine, d'amener dans cette gare des équipes d'ouvriers anglais pour en donner l'habitude à nos ouvriers, car il s'agissait là de modifier la routine et des habitudes contractées depuis longtemps.

Au Havre et dans le port de Dieppe si l'emploi des machines a donné les résultats qu'on vient d'énumérer c'est parce que, en même temps que l'on chargeait rapidement les wagons, on s'efforçait de disposer les voies de manière à fournir un travail constant à l'activité des machines, en pouvant remplacer instantanément pour ainsi dire les wagons à charger sans faire perdre de temps aux machines (voir annexe n° 2)

Les wagons vides succèdent sans interruption aux wagons chargés et les machines n'éprouvent jamais d'intermittence, les changements et les plaques de dégagement sont rapprochés de telle sorte qu'un wagon aussitôt qu'il est chargé est-remplacé par un vide et le travail des grues ne souffre pas une minute d'interruption.

Dans les gares de Bercy et de la Rapée au contraire lesvoies de déchargement sont divisées par fractions de 150 mètres de longueur, de sorte que les wagons ont à parcourir cette distance de 150 mètres avant d'arriver à la grue, ce qui fait que celle-ci ne fonctionne plus que par intermittence et les grues deviennent plus coûteuses que le travail manuel; en un mot au lieu d'avoir de nombreuses sorties en un petit espace on a de grands espaces sans sorties.

L'étude du plan de la gare de la Rapée et sa comparaison avec les gares anglaises dont cette gare a voulu être la copie, fait connaître que si les mêmes résultats n'ont pu être obtenus, c'est parcequ'il a manqué l'élément principal, la vitesse de dégagement des véhicules.

C'est un sujet sur lequel il faut vivement insister car il s'agit de déraciner des préventions qu'a soulevé une faute commise, et l'on sait combien il est difficile de faire revenir l'opinion sur une question quand cette question, traitée au début d'une façon imparfaite, a été la cause d'un échec. Combien de choses excellentes, et qui depuis ont trouvé leur application sur la plus large échelle, sont restées longtemps sans application parceque les débuts avaient été mauvais - Le chemin de fer et les bateaux à vapeur en sont un exemple frappant entre tous, sans le jet de vapeur la locomotive était impuissante et ce simple détail, tant qu'il n'a pas été appliqué, n'a pas permis aux chemins de fer d'exister.

Les applications mécaniques au déchargement entraînent

avec elles des dispositions des gares, des dispositions des wagons, sans lesquelles il n'est pas possible de songer à leur emploi, et il n'est pas possible d'appliquer les méthodes rapides des anglais sans au préalable modifier et le matériel et la disposition des gares. Ces deux conditions sont absolument nécessaires et tous ceux qui, comme la Compagnie de Lyon, essaieront d'appliquer le système anglais avec les dispositions des gares françaises, échoueront nécessairement et toutes leurs tentatives seront vaines, aux applications mécaniques il faut des dispositions spéciales des gares.

Aussi longtemps que l'on voudra appliquer le système anglais à des gares françaises, j'ai la conviction profonde que ce sera de l'argent dépensé en pure perte, il faudra absolument, si l'on veut réussir, prendre les gares anglaises de toutes pièces et y appliquer les méthodes semblables. Je crois que de ce côté on aura non seulement des avantages au point de vue de la vitesse mais encore on aura des avantages au point de vue du capital engagé. En effet, il résulte d'une étude faite avec soin qu'un hangar à rez-de-chaussée compté au mètre superficiel de surface et y compris les dépenses accessoires telles que terrains, quais, voies, courbes, pavés, remblais, écoulement d'eau, etc. coûte plus qu'un magasin à 3 ou 4 étages. Il résulte aussi de cette comparaison entre les hangars à rez-de-chaussée et les magasins à étages, que dans le premier cas la surface occupée par la gare est infiniment plus grande et les wagons, beaucoup plus longtemps immobilisés, nécessitent une plus grande quantité de véhicules. Toutes ces dépenses considérables causent aux Compies des pertes sensibles sur l'intérêt du capital engagé (voir note A).

Ce détail est intéressant à connaître, aussi il résulte de mon étude que si le terrain au lieu de coûter 20 à 25f le mètre coûtait 4 ou 500f ou même 1000f le mètre, la disproportion serait tellement énorme que la comparaison serait impossible. Je crois avoir prouvé que la tendance des Compagnies devait être de se rapprocher du centre des villes où le terrain a un prix très-élevé, parcequ'il y avait à ce rapprochement des avantages dont il est facile de se rendre compte et qui peut varier de 2, 3 et même de 4 fr. par tonne de marchandise pour le camionnage seulement. Or on sait que le transport de la marchandise ne doit pas être considéré au point de vue du transport sur rails seuls mais au point de vue des dépenses accessoires qu'elles entraînent à tel point que sur des parcours de 10 à 20 Kilomètres, quelle que soit l'économie relative des transports par rails, il y aurait souvent avantage à faire le camionnage direct à cause des frais à l'arrivée et au départ. Si on considère que les chemins de fer transportent à un prix plus élevé que les canaux, que l'avantage principal que peut présenter le chemin des fer c'est la rapidité, il est nécessaire de reconnaitre que les chemins de fer ont le plus grand intérêt à améliorer les deux éléments qui sont leur avantage : la vitesse et la régularité. Or pour la vitesse, les longs camionnages sont de véritables obstacles car la vitesse du transport des marchandises est directement intéressée à la faible distance de transport en camion et c'est, lorsque cette distance est faible, que les Compagnies ont le plus de facilité à enlever rapidement les marchandises.

Il est un fait certain qui se révèle de suite dans l'examen comparatif des exploitations françaises et anglaises c'est que, en Angleterre, on s'efforce surtout à obtenir la vitesse. En cherchant à quelle cause il faut attribuer cette tendance des anglais, qui se traduit en résumé par une dépense plus forte pour l'exploitation, j'ai reconnu que cette tendance tient à une cause toute spéciale facile à expliquer : en angleterre les questions de crédit et de temps ont toujours un grand poids, les anglais qui considèrent l'argent comme une marchandise considèrent aussi la marchandise comme de l'argent ; avec de la marchandise on obtient de l'argent et par conséquent du crédit.

Or, les marchandises lorsqu'elles sont en cours de voyage ne représentent pas un capital, elles ne produisent d'intérêt que lorsqu'elles sont warantées et déposées dans un magasin, aussi cette considération a une grande valeur dans un pays commerçant - Pour en faire saisir toute l'importance il est bon de citer quelques exemples : ainsi, prenons une tonne de laine, cette tonne de laine vaut 8000^f., placée dans un magasin elle représente et elle peut servir à garantir une avance d'argent dont l'intérêt à 6 % est de 480^f par an, soit de 1^{f}33 par jour. Or supposons que cette tonne de laine parte de Liverpool pour Londres ; si cette tonne de laine partant de Liverpool met un jour pour aller à Londres où elle est mise en magasin, l'intérêt perdu sera de 1^{f}33 par tonne et il ne faut pas plus d'un jour pour la transporter de Liverpool à Londres avec la rapidité de l'exploitation anglaise. Supposons nous en France, au contraire, pour une distance égale à celle de Liverpool à Londres, soit 350 kilomètres, on demandera 6 jours pour le transport, il y aura donc 5 jours de perdu et comme perte d'intérêt 1.33 × 5 = 6.65. Or ces 5 jours de retard équivalent à un supplément de taxe de 19 millièmes par tonne et par kilomètre sur le transport. Ce que nous venons de dire pour la tonne de laine se produit dans une proportion différente dans le plus grand nombre de cas mais se produit évidemment pour toutes les marchandises en général.[1]

---

[1] Le prix de transport moyen en France est de 0.06 par tonne kilométrique ; en Angleterre elle est de 0.07 environ. Or dans le 1er cas le parcours moyen est de 142 kilomètres, dans le second cas il n'est que de 58 kilomètres à cause de la différence de la longueur des lignes. Il est incontestable que plus les transports se font à de longues distances plus le prix kilométrique s'abaisse parceque les frais au départ et à l'arrivée pèsent moins sur la marchandise. Il faut considérer qu'en France la manutention se fait par les expéditeurs et par les destinataires, en Angleterre, au contraire, la manutention est faite presque exclusivement par les Compagnies Il y a donc lieu de penser que malgré la différence de 0.01 sur la tonne kilométrique, les prix des transports sont à très peu de chose près les mêmes dans les 2 pays et cela malgré a

Les avantages économiques que l'on peut retirer en imprimant à la marchandise de grandes vitesses de transport justifient la méthode anglaise, surtout pour les marchandises d'un prix élevé qui sont comprises dans ce que l'on appelle les marchandises de classe

Ici se terminent mes observations sur les faits qui caractérisent les chemins de fer anglais mais il ressort de cette étude comparée que les chemins français doivent modifier de fond en comble leur organisation avant de songer à mettre en pratique les méthodes anglaises. Les Compagnies françaises, avant de mettre en pratique ces méthodes, doivent obtenir tout d'abord la faculté de ne plus recevoir les marchandises en gare, elles devront s'efforcer de développer le trafic de domicile à domicile, chercher les méthodes de simplification dans la reconnaissance de l'octroi, faire des trains fréquents par charges, modifier leur matériel, changer les dispositions de leurs gares, c'est alors seulement qu'elles pourront aborder franchement les transports rapides.

J'ai la conviction que les Compagnies trouveront à l'adoption de ce système des avantages considérables et que le public retirera de cette rapidité nouvelle imprimée aux transports des avantages économiques très sensibles et qui rejailliront avantageusement sur la fortune publique.

Dans la première partie de ma note j'ai indiqué quels étaient les signes généraux qui caractérisaient les exploitations anglaises, il me reste maintenant à entrer dans les détails techniques des gares à marchandises, à en donner la description et faire voir ce qui les différencie des gares françaises. Cette description permettra de juger les différences profondes qui

difference de rapidité dans la livraison.

séparent les deux systèmes et servira à expliquer pourquoi dans les unes le service est si rapide et pourquoi chez nous en France il y a une lenteur si grande.

On peut diviser les gares anglaises en 3 types:

1° Les gares intérieures de Londres;

2° Les gares extérieures de Londres ou les gares des grandes villes commerciales comme Liverpool;

3° Les gares à marchandises maritimes.

1er Type. Gares intérieures de Londres.

Dans ces gares le système est basé sur ce principe que toutes les marchandises, arrivages et expéditions, sont camionnés par les Compagnies sans exception.

Une des gares la plus remarquable à cet égard est sans contredit la gare de Broad-Street appartenant à la London et North-Western Cie située au milieu de la cité et à 500 mètres de Mansion-House, l'hôtel de ville de la cité. C'est à peu près la position qu'occuperait à Paris une gare placée aux Halles centrales, près St Eustache, par exemple à l'extrémité de la rue Montmartre.

Cette gare a été placée ainsi pour atténuer les frais de transport par voiture qui étaient très onéreux lorsqu'il fallait les effectuer de la gare de Camden qui est placée à environ 6 kilomètres de cette dernière. Cette gare a encore l'avantage de permettre d'imprimer une grande rapidité à tous les transports de marchandises qui peuvent être livrés presque aussitôt arrivées en gare à cause de la faible distance que les camions ont à parcourir.

Le tonnage de cette gare est de . . . . . . 324.000.ᵀ arrivages et expéditions compris.

A certains jours de Noël le tonnage s'élève à . . 200 0 tonnes.

21.

Le trafic est uniquement composé de caisses, ballots, marchandises fabriquées, vivres de toutes sortes, viandes dépécées, sucres raffinés, cafés, etc.. Ce sont toujours des marchandises très-fractionnées en une infinité de colis.

La gare est a deux étages : au rez-de-chaussée se fait la livraison des marchandises à expédier et à arrivages, au 1er étage se fait la composition des trains.

Les trains chargés arrivant au premier étage sont décomposés et les wagons descendus un à un par deux monte-charges au rez-de-chaussée, et delà dirigés vers les divers quais qui portent les désignations diverses. On décharge les wagons, et au fur et à mesure qu'ils sont déchargés, on les remonte, on recompose des trains vides qui sont immédiatement enlevés. Les trains chargés se succèdent ainsi et les trains vides sont expédiés, on ne conserve jamais de wagons vides tant que le service des arrivages n'est effectué.

Ce qui caractérise, entre toutes les gares, la gare de Broad-Street, c'est l'application de deux étages qui a pour but de doubler la surface en un point de la cité où le terrain coûte 7 à 800 f. le mètre carré.

Ce qui particularise aussi cette gare et les gares anglaises en général, c'est la répartition des wagons par groupes de 2 ou 3 wagons isolés les uns des autres, pouvant être enlevés du quai de déchargement au fur et à mesure que les opérations sont terminées sans attendre, comme nous le faisons chez nous, qu'il y ait 15, 20 ou 25 wagons déchargés sur nos quais de 100 à 150 mètres de longueur sans solution de continuité. Dans les gares anglaises cette manière de procéder permet à un wagon aussitôt déchargé d'être enlevé, chez nous il faut attendre que les autres le soient. Le wagon chargé de matières plus faciles à manutentionner étant arrêté par le wagon chargé de matières plus difficiles à manœuvrer. Si un wagon, dans nos exploitations françaises, demande 20 minutes de chargement, qu'un autre ne demande que 10 minutes, il faudra que celui qui ne demande que 10' attende que le déchargement soit effectué dans celui qui demande 20', de là des pertes de temps répétées pour les cas où la manutention doit être activée.

Il est bien entendu qu'en raison de l'usage fréquent des grues, les marchandises sont toutes contenues dans des wagons découverts ce qui, je l'ai déjà dit ailleurs, est le cas des gares anglaises où on ne connait pas le wagon fermé pour les marchandises.

Les wagons descendus au rez-de-chaussée sont amenés par des plaques tournantes sur les quais perpendiculaires qui bordent les quais de déchargement.

Toutes les manœuvres des wagons se font au cabestan hydraulique, des poulies folles, convenablement disposées, permettent aux cabestans hydrauliques de diriger les wagons dans tous les sens, de faire tourner les plaques, de ramener les wagons sur les monte-charges. Tous ces travaux se font avec une régularité, un ordre, une facilité admirable dont on n'a pas conscience dans nos gares françaises et dont la vue seule peut donner une idée; lorsque l'on voudra utiliser ces appareils en France, il faudra faire venir une équipe d'ouvriers anglais.

Ces manœuvres ont deux avantages, de se faire mieux, plus rapidement qu'avec les chevaux et plus économiquement, sous l'impulsion d'un moteur unique, l'eau en pression, qui éloigne toutes les chances d'incendie et au besoin même peut être d'un puissant concours pour les combattre.

Les cabestans hydrauliques sont mis en mouvement par une pédale qu'un homme fait fonctionner avec son pied, il enroule sur le cabestan la corde 2 ou 3 fois cet enroulement met en mouvement la corde dont l'extrémité, armée d'un crochet, vient prendre le wagon à la plaque de garde pour le mettre en marche. Suivant que la corde est placée sur tel côté du wagon, que cette corde est placée sur telle ou telle poulie folle, le wagon avance, recule, la plaque tourne, et tout cela avec une rapidité double du cheval; l'effort du cabestan étant double ou triple du cheval ou plus faible suivant les besoins.

Les premiers cabestans employés étaient continuellement en mouvement, on a reconnu l'inconvénient de ces appareils toujours en marche, et on leur a substitué des cabestans à mouvement facultatif qui ne présentent pas les dangers des cabestans à mouvement constant.

Au moment où une certaine activité règne dans la gare il est vraiment curieux de voir tout le système en fonction. L'emploi des moyens mécaniques dans les gares est un exemple nouveau des merveilleuses aptitudes des machines motrices aux diverses applications à faire dans les manutentions des gares.

Il est bien certain que sans ces applications les gares anglaises seraient inexploitables et c'est à elles qu'on doit, sans aucun doute, la possibilité de faire sur des espaces aussi restreints un trafic dix fois plus grand que dans nos gares à marchandises en France.

En Angleterre on ne connait pas les quais de grande longueur, toujours les quais sont fractionnés en ilots isolés les uns des autres et accessibles par deux ou trois côtés.

Le travail, des arrivages en gare, commence vers 9 heures du soir et se continue jusqu'à 9 heures du matin. Le travail des expéditions qui se fait sur les mêmes quais à lieu de 9 heures du matin à 9 heures du soir.

L'opération inverse est alors effectuée, on amène par

les voies du 1er. étage les trains de wagons vides qui sont décomposés et les wagons vides amenés devant les quais où ils sont chargés ; au fur et à mesure que le chargement est opéré, on enlève les wagons au 1er. étage, on compose les trains et on expédie ces trains au fur et à mesure de leur composition.

La longueur des voies de composition des trains est de 2500 mètres divisées en dix voies parallèles de 250 mètres.

La longueur des voies de la gare inférieure est de 1480 mètres dont 480 mètres de voies de chargement des marchandises et 1000 mètres de voies de manœuvre. (voir planches n° 2 et 3)

De sorte que la longueur des voies de la gare pour un service de 2000 tonnes par 24 heures est de … 1480^m; chaque tonne exige environ :

pour voies de manœuvre et de dégagement $\frac{2500}{2000}$ = 1^m 25,

pour voies de chargement et de déchargement $\frac{480}{2000}$ = 0. 24.

Toutes les opérations de traction au rez-de-chaussée se font par des cabestans hydrauliques, toutes celles du haut par machine et par chevaux à l'exception du service des plaques et de l'amenée des wagons sur les monte-charges qui se font également par cabestan.

On emploi pour ce trafic 6 chevaux.

Le nombre d'employés et d'ouvriers est de ….. 592.

Le prix de revient de la tonne manutentionnée est de 2^{sols}1^d. par tonne pour un tonnage annuel de ….. 340 000^T environ

Toutes les manutentions de colis pesant 150 kilog. au minimum sont faites par des grues hydrauliques.

La surface de la gare supérieure est de ….. 15 000^m.

La surface de la gare au rez-de-chaussée est de .. $\underline{28\,000\ ..}$

Le total de la surface de la gare est de …. 43 000.^{m}

soit pour un tonnage maximum de 2000 tonnes par jour une surface de $\frac{43\,000^m}{2000}$ = … 21^m 50 par tonne des marchandises à l'expédition et aux arrivages; c'est ici la limite maximum de travail que cette gare peut produire.

Les quais de déchargement sont sous les voûtes sur lesquelles se trouvent les voies de la gare des voyageurs auxquelles les voies de manutention sont accolées.

Les voies de manœuvres et de dégagement du rez-de-chaussée sont couvertes par les voies de manœuvres qui sont supportées sur des poutrées en fer que soutiennent des colonnes en fonte qui sont indiquées sur le plan général qui est joint au projet.

En dehors de la surface du terrain dont je ne connais pas la valeur, les dépenses d'établissement de cette gare peuvent s'évaluer ainsi :

Voies ferrées (pavées partout)	4000^m	à	70$^+$	280 000.„	
Plaques tournantes	40	à	3500$^+$	140 000.„	
Plancher de support des voies principales, est^{on}				1 500 000.„	
Quais des gares	9600	à	40$^+$	384 000.„	
Machines à vapeur de 120 chevaux			120 000$^+$.„		
Monte-charges	2	à	100 000$^+$ =	200 000.„	
Cabestans hydrauliques	8	à	5000 =	40 000.„	
Tuyauterie	1200	à	50 =	60 000.„	785 000.„
Grues de 1500 kilog.	40	à	8000 =	320 000.„	
Grues hydraulique de 10^T				25 000.„	
———— s ———— de 5^T				10 000.„	
Bureaux				10 000.„	
Coms d'arrivée	1000^m	à	15$^+$.„ =		150 000.„
Bascules	2	à	3000.„=		6 000.„
Bascules (petites)	22	à	600.„=		13 200.„
Total					3 258 200$^+$.„

La dépense totale peut être évaluée à environ 3 millions, soit par tonne de marchandises $\dfrac{3\,000\,000}{320\,000}$ = par an ... 10$^+$.18

soit à 6 % du capital engagé 10.18 = ... 0.61

par tonne de marchandises

Si on retranche de la somme de 3 millions, pour le 1ᵉʳ étage, 1.500.000ᵗ pour le plancher en fer, on aura un chiffre de 1.700.000ᵗ, ce qui représente environ 5ᶠ30 par tonne de marchandises ou 0ᶠ35 par tonne pour dépense en capital. Mais si on considère d'un autre côté que le terrain dans ce quartier coûte 500ᵗ le mètre soit 40.000ᵐ x 500ᵗ = ... 200.000ᶠ. L'intérêt à 6 p.% de la dépense totale, soit 3 millions, donne par an une dépense de 798.000ᶠ et pour 340 000ᶠ 2ᶠ47 par tonne de marchandises, sacrifice que la Compagnie a fait pour amener la marchandise au centre de la cité, et éviter le camionnage et activer l'enlèvement des marchandises; il est vrai que cette gare pourrait faire 600.000ᵗ ce qui réduirait la dépense par tonne à 1ᶠ20.

Pour compléter ces renseignements je vais indiquer comment le service se fait.

Système adopté à Londres pour la réception, la confection des feuilles et la livraison du trafic.

—

Expéditions.

Les camions vont aux bureaux de ville dans les divers quartiers de la ville et des faubourgs, et en recevant une charge de marchandises à expédier dans la province reçoivent du bureau de ville une feuille de camionnage ‹wagon bill, modèle A› sur laquelle chaque expédition est lisiblement inscrite. Les camions lèvent aussi chez les expéditeurs une déclaration ‹consignment note› modèle B, remplie par l'expéditeur et apportée par le camionneur à la gare où un commis, préposé à la réception des marchandises, dresse une feuille de camionnage, modèle A, au moyen des déclarations, modèle B, laquelle représente la charge du camion.

L'employé préposé à la réception met un numéro progressif ⟨à l'encre rouge sur le modèle 1⟩ dans le haut à droite de chaque feuille de camionnage ; ce document est ensuite passé à l'appeleur de l'équipe qui décharge les camions lequel appelle à haute voix successivement chaque expédition au fur et à mesure que le camion est déchargé, le vérificateur de l'équipe marque au crayon rouge sur chaque colis le numéro donné à la feuille de camionnage ce qui permet de trouver la trace d'un colis quel qu'il soit à n'importe quelle époque future.

Les colis sont ensuite passés aux hommes d'équipe pour être transportés aux bascules affectées aux diverses gares destinataires : par exemple, pour Birmingham, Manchester, Liverpool ou Leeds, ils seront déposés sur les quais des voûtes n°s 12, 11, 10 respectivement indiquées sur le plan.

On verra par ceci que comme les camions apportent généralement une charge mixte pour différentes destinations, les colis doivent être distribués dans les différentes parties des quais de chargement affectés à ces destinations.

Arrivées à la bascule les marchandises sont pesées, mises en wagon et la feuille de route ⟨modèle c⟩ est faite par l'expéditeur ou contre-maître de l'équipe ; ce dernier inscrit sur la feuille de route le numéro progressif de la feuille de camionnage que porte le colis, puis le nom et l'adresse du destinataire, le poids, et lorsque le chargement du wagon est complet il envoie la feuille de route au bureau d'expédition où un employé expérimenté insère la référence au bureau de ville, le prix de transport et les frais, ces derniers étant inscrits dans la colonne franco ⟨paids⟩ ou en port dû ⟨to pay⟩ suivant les instructions données par les expéditeurs sur la feuille de camionnage ou la déclaration ; quatre ou cinq employés suffisent à ce travail.

Les totaux sont alors faits et la feuille est copiée et

mise sous enveloppe, adressée et retournée à l'employé expéditeur, qui dans l'intervalle a fait étiqueter le wagon pour sa destination (modèle D) et qui, en cas de nécessité, fait bâcher le wagon ; la facture est ensuite clouée au wagon ou envoyée par le garde du train ou parfois par un train de voyageurs.

Arrivages.

A l'arrivée d'un wagon et d'une feuille de route, cette dernière est passée à un employé qui en enregistre le numéro, la date, l'heure de la réception, le poids etc. ; elle est ensuite passée à un employé expérimenté lequel note en marge de la facture, en regard de chaque envoi, le numéro de district (Londres est divisé en districts pour faciliter la livraison) où l'adresse de chaque destinataire est située ; la feuille de route est alors passée au vérificateur lequel, à mesure que le wagon est déchargé, vérifie les colis que son équipe distribue dans les différentes parties des quais correspondantes aux districts marqués sur la feuille de route.

La feuille est ensuite donnée à l'employé enregistreur qui remplit les feuilles des camionneurs (modèle E) en y inscrivant les expéditions pour un même district (ces expéditions sont extraites de diverses feuilles de route), en ayant soin en même temps d'insérer le numéro de la feuille de route sur la feuille de camionnage et vice versa. - L'employé enregistreur passe la feuille de route à l'employé aviseur, lequel remplit et envoie au destinataire une note d'avis (modèle F) pour les marchandises consignées en gare ou à ordre.

Les expéditions taxées aux prix de gare en gare, que nous ne livrons pas d'office, sont toujours avisées sur un autre modèle G, même si elles ne sont pas consignées en gare.

Les feuilles des camionneurs (modèle E) avec un bulletin de camionneur pour chaque expédition (modèle H) (ce dernier est remis au destinataire et acquitté par le camionneur si les frais sont payés par le destinataire), sont envoyés sur les quais et le contre-maître répartit les feuilles pour un même district et par charge de camion.

Les hommes d'équipe procèdent alors à leur chargement, selon les entrées faites sur la feuille ou les feuilles destinées à chaque camion; chaque entrée est soigneusement vérifiée lors du chargement des marchandises sur le camion; le numéro du camion est inscrit sur la feuille et le chargement est ainsi complété.

Avant de quitter la station chaque camionneur fait peser son chargement sur le pont à bascule, et on prend note du numéro du camion, des numéros des feuilles, du nom du camionneur et la destination, de l'heure du départ, du poids et de la tare du camion, puis le camion effectue ses livraisons.

Statistique.

—

Tonnage et frais pour le semestre finissant le 30 juin 1872.

Stations	Tonnage charbon excepté	Salaires et gages	Coût par tonne	nombre d'hommes
			sch. d.	
Camden ...... Maidenlane	} 211 380 $^{T(1)}$	20 368	2/4 ¼	654
Broad-Street	162 114	16 949	2/0 ¾	592
Haydon-Square	49 438	2 812	1/1 ½	101
Poplard	135 612	5 118	9ᵈ	148
Victoria dock	5 955	99	3	5
Totaux pour Londres	564 519	45 346	1ˢ/7	1500

(1) Le tonnage de Camden comprend 51256ᵀ de minéral traffic (non compris le charbon) pour lequel il n'est alloué que 6ᵈ par tonne les 2 2/4 ¼ représentant le résidu des 160.124 autres tonnes.

La proportion des frais des hommes d'équipes pour la manutention à ceux des employés pour les écritures est de :

> Équipes £. 30 892 ou 3/¼d par tonne.
> Employés £. 14 133 — 6d —

Ces prix ne comprennent pas les marchandises en transit.

La différence dans le revient par tonne dans les différentes gares provient de ce qui suit :

La correspondance relative aux comptes, réclamations, sollicitations, enlèvement des marchandises à domicile pour toutes les gares de Londres, est faite par Camden ainsi que la composition et la recomposition des trains de marchandises entrant et sortant de Londres.

Le trafic de Broad-Street est composé principalement de marchandises mixtes et de petites expéditions, tandis que les marchandises lourdes et le trafic de la navigation sont manutentionnées dans les autres gares.

Un fait remarquable c'est le prix élevé de la manutention à Broad-Street ; ce prix tient évidemment à la rapidité qui est imprimé à la manutention, au service de jour et de nuit qui est fait dans cette gare. Il tient aussi à la quantité considérable de colis dont se compose les arrivages et les expéditions dans cette gare, dont le travail ne peut véritablement être assimilé qu'au travail de marchandises en grande vitesse.

Toutes les marchandises remises à Liverpool avant 6 heures du soir sont remises à domicile dans la cité avant 10 heures du matin, il y a un parcours de 350 kilomètres.

Le marché à la viande de la cité est approvisionné, pour une bonne partie dans la saison favorable, avec des viandes dépécées venant d'Écosse et ayant parcouru 600 Kilom. qui sont venues à Londres en 15 heures. Si en France on pouvait avoir la même rapidité dans les transports à petite vitesse, le champ des échanges serait étendu d'une manière sensible. Cette exemple est donc un fait considérable à citer à l'avantage de la rapidité des transports par petite vitesse en Angleterre.

L'exemple donné par la Compagnie du London et North Western, tend à être imité par les autres Comp.ies qui doivent créer dans la cité deux autres gares semblables.

Cette tendance s'explique, comme je l'ai déjà dit mais comme je crois devoir le répéter encore, par le désir d'arriver rapidement dans l'intérieur de Londres et à diminuer les frais de transport par camionnage.

Il est en effet certain que les C.ies, en diminuant des parcours de 3 à 4 kilomètres et même plus, le camionnage dans Londres doit avoir des grands avantages.

Il n'est pas douteux en effet que à Paris, par exemple, si une gare de marchandises était aux Halles Centrales au lieu d'être à Bercy, à Yvry ou à Batignolles, la livraison des marchandises des Halles, les matières fabriquées, les articles de Rouen, Lisieux etc... pourraient être camionnés infiniment plus vite et à meilleur marché que s'il faut les aller prendre aux gares de Bercy, des Batignolles et d'Yvry.

Si la ligne de Lyon avait une gare aux Halles Centrales, pour beaucoup de produits, cela aurait un énorme avantage, de même pour l'Est, Orléans et le Nord.

Mais pour cela il faudrait ne pas avoir d'octroi ou en simplifier les rouages et faire les transports à domicile, sans permettre aux destinataires ou aux expéditeurs de faire attendre une minute l'enlèvement des colis qui devrait être immédiat.

La gare de Broad Street ainsi décrite dans tous ses détails essentiels, il me reste maintenant à montrer les dispositions d'une des gares de Liverpool les plus modernes.

Gare de Canada-Docks

La gare de Canada-Docks dont je vais donner la description est aménagée d'une façon différente et qui rentre mieux dans les dispositions qu'on pourrait appliquer dans nos gares françaises, elle peut, aux arrivages, servir de magasin.

Elle se divise en deux parties distinctes : le côté des expéditions et le côté des arrivages.

Je vais commencer par décrire les expéditions. Côté des expéditions. Les expéditions se composent de deux faisceaux de voies parallèles placées sous un hangar à 3 travées (voir planche 1)

Au centre du hangar se trouve le quai proprement dit, ce quai en pente est divisé en 3 fractions :

La première fraction où les colis peuvent être chargés dans les wagons à la main au besoin ; ce quai a environ 0^m80 à 1^m de hauteur.

La seconde fraction où on peut charger les marchandises chargées en tombereau, par exemple, en faisant basculer le tombereau, le quai a 2^m50 de hauteur.

La troisième fraction pour les balles de laine, coton, paille, foin, fûts, etc... beaucoup plus élevé, 3^m50 à 4^m.

Des grues sont disposées tout le long du quai pour, au besoin, charger mécaniquement s'il est nécessaire.

Les chargements se font tous à couvert, il y a un éclairage très-puissant pour travailler la nuit.

La manœuvre des wagons sous la halle se fait par des cabestans hydrauliques disposés dans les entrevoies.

Jamais, comme dans nos gares, les machines ne viennent sous les hangars de peur des incendies, l'usage des cabestans nous paraît supérieur à l'emploi des locomotives qui peut être un grave danger pour une gare à marchandises.

Les expéditions se font aussitôt la marchandise arrivée

on cherche à ne rien accumuler sur le quai en charge au fur et à mesure que les voitures amènent les marchandises; les écritures sont réduites autant que possible et on a un grand nombre d'employés au moment de l'activité des opérations des expéditions.

Un détail significatif, ce sont souvent des employés d'autres administrations qui viennent faire les écritures le soir après la sortie des bureaux, c'est un moyen de dépenser peu pour la Comp.ᵉ, et pour ces employés un moyen de rétribution supplémentaire.

Gare des arrivages. — La gare des arrivages est placée en face de la gare des expéditions; au lieu d'être une gare à rez-de-chaussée, c'est un magasin à 5 étages, avec plancher en fer supporté par des colonnes.

La manœuvre des wagons se fait au rez-de-chaussée du magasin au moyen de cabestans mus par l'hydraulique.

Les marchandises arrivant sont déchargées là où il y a de la place, l'emplacement est désigné par des travées qui se distinguent facilement les unes des autres par de grandes lettres. Ces indications suffisent avec le n° de l'étage pour diriger le commerçant et lui permettre de retrouver sa marchandise. Sur un tableau noir placé dans le bureau d'entrée on inscrit le n° de la travée dans laquelle a été déchargée la marchandise, ce n° est indiqué sur la feuille d'avis d'arrivages de sorte que le destinataire, sans de longues recherches, en consultant le tableau et voyant le n° de la travée, sait exactement où il doit trouver sa marchandise; c'est une facilité très-grande, je crois, qui me paraît devoir trouver son application dans nos gares d'arrivages. C'est en un mot un véritable magasin accessible aux wagons; la marchandise est conservée comme dans un dock et l'habitude, pour les négociants, à Liverpool c'est de considérer les marchandises comme vendues par le simple transfert de la lettre de voiture; les opérations de crédit s'opèrent sur ces mêmes lettres.

Je ne pense pas devoir entrer dans de plus grands détails sur les gares, le plan général qui est joint suffit pour faire comprendre l'organisation du service.

Une chose sur laquelle j'appelle l'attention des Ingénieurs français, c'est la concentration des manœuvres par un enchevêtrement continuel d'aiguilles de croisement de manière à épargner aux hommes de manœuvre des parcours inutiles, et à donner aux gares le maximum de voies avec la plus petite surface possible. Ainsi, tandis que dans nos gares, nous nous préoccupons de conserver le type de nos changements, avec les mêmes angles, les mêmes rayons, les mêmes dimensions, les anglais varient ces conditions d'établissement à l'infini sans se préoccuper des types et des conditions ordinaires. Cette liberté absolue se trouve justifiée parceque, en définitive, les manœuvres se faisant à vitesse réduite il n'y a pas, ou il y a moins de danger de déraillement lors du passage des wagons.

L'ensemble des voies d'une gare anglaise paraît inextricable comparé à l'ordonnance de nos gares françaises, mais il faut considérer l'avantage énorme que l'on trouve et la place que l'on gagne en agissant ainsi que le font les anglais.

Pour me résumer sur la gare de Canada Docks, je vais donner les détails des longueurs de voies et des dépenses approximatives de construction de la gare pour un tonnage donné.

Le tonnage actuel (1873) de la gare de Canada - Docks est de . . . . 467 898 ^{T}.

Mais cette gare, une des plus récentes, n'est pas en plein produit et on m'a assuré qu'elle pouvait recevoir le double des marchandises . . . . 600 000 ^{T}.

C'est-à-dire que l'on peut compter faire dans la gare de Canada - Docks en expéditions et en arrivages . . . . 600 000 ^{T}.

Or, pour cette quantité de tonnes des marchandises la longueur des voies est de . . . . 10 690 ^{m}.

Soit par tonne de marchandises par jour pour 2000 ^{T} . . 5^m.30

La longueur des quais de chargement et de déchargement est de . . . . 620 ^{m}.

Soit par tonne de marchandises reçues ou expédiées . . 0^m.31

La surface totale du terrain occupé par la gare est de . . . . 73 000 ^{m}.

soit par tonne de marchandises . . . . 36^m.50

La surface des quais couverts et utilisables d'expédition est de . . . . 8 040 ^{m}.

La surface des magasins d'arrivages est de . 13 920 ^{m}.

C'est donc une surface de . . . . ——— 21 960 ^{m}.

et par tonne de marchandises reçues par jour (2000 ^{T}) 10^m.98

Les dépenses approximatives sont les suivantes :

Terrains . . . . 730.000 ^{f}.

Terrassements . . . . 250 000 . .

Voies ferrées avec changements . . . . 980 000 . .

Hangars couvert d'expéditions . . . . 550 000 . .

——— id ——— d'arrivages . . . . . . 1 000 000 . .

Appareils mécaniques, évaluation . . . . . 800 000 . .

Guérites d'aiguilleurs etc . . . . 200 000 . .

Total de la dépense . . . . 4.510.000 ^{f}.

et par tonne de marchandises pour un transport de 600000 ^{T}, en capital 7^f.51 et

en intérêt, par tonne . . . . 0^f.4506

Il résulte aussi de documents pris sur place que la dépense de la gare pour les employés, hommes d'équipe, chevaux etc. s'élève à 22088$ par an, soit pour le chiffre de tonnage actuel qui est de 467690 tonnes . . . . . $\frac{550000^f}{467690}$ environ 1f.17 par tonne.

La gare de Broad-Street à Londres et celle de Canada-Docks, me paraissent caractériser le système des gares anglaises dans deux applications différentes : la première est la gare centrale   , la seconde est la gare ordinaire des grandes villes. Toutes les deux présentent des dispositions exécutées dans le but de circonscrire les manœuvres dans le plus petit espace possible, la première exige l'expédition à domicile, la seconde permet la réception en gare. La première ne pourra être employée en France que pour les marchandises qui seront, de la volonté du destinataire, camionnées d'office par la Comp.ie, puisque l'art. 52 du cahier des charges des chemins de fer français laisse aux destinataires la faculté de recevoir leurs marchandises en gare.

Le deuxième système pourra être seul appliqué en France aussi longtemps que l'art. 52 ne sera pas modifié.

Comme complément à cette étude sur deux gares importantes des chemins anglais, j'ai cru devoir ajouter le plan d'une gare maritime à Liverpool et le plan de la gare à charbons du Middaland à Londres.

J'ai ajouté à titre de renseignement utile les voies de chargements des bassins de Dieppe analogues à celles de Poplar-docks à Londres (Planche n° 5)

Cette disposition est utile à faire connaître, puisque c'est un nouvel exemple des avantages que présentent les voies disposées de manière à permettre le dégagement rapide des wagons.

Ainsi pour les voies de Dieppe il est possible aux cinq places

à quai de décharger dans une journée de 10ʰ et sur une longueur de
350ᵐ. 2000 ᵗ de marchandises, sans encombrement de wagons et en permettant
à chaque navire de faire ses opérations sans gêner les opérations du
navire suivant. A ce titre elle complète les indications générales que
nous avons indiquées sur l'utilité qu'il y a donner des dégagements
très multipliés aux wagons, pour en permettre la rentrée et la sortie
rapide et par suite à imprimer aux déchargements une vivacité
inconnue avec d'autres dispositions.

Je joins également les plans généraux 1°. d'une gare maritime à
Birkenhead (planche n°. 7). 2°. des magasins et entrepôts à étages
desservis par des voies ferrées. (planche n° 6)

Les descriptions détaillées que j'ai données de 2 gares à marchandises,
de Broad Street à Londres et de Canada - Docks, me
paraissent résumer l'étude des gares à marchandises
en Angleterre, et j'ai pensé que cette étude pouvait
présenter quelqu'intérêt en un moment où on reconnaît
qu'il est nécessaire de modifier les errements pratiqués
en France pour la construction des gares à marchandises,
dont les dispositions n'ont pas varié depuis l'origine
des chemins de fer, au lieu de passer, comme on l'a
fait en Angleterre, par une succession de modifications
et d'améliorations qui ont eu une grande action sur
la rapidité des transmissions des marchandises trans-
-portées sur les voies ferrées.

Car, il est bon de le répéter en terminant, si la vitesse
des trains de marchandises, au pleine marche, est-à-peu
près la même en France et en Angleterre, là où la différence
est profonde c'est dans le temps énorme qui est perdu

à l'arrivée dans les gares des grandes villes, où par suite d'habitudes défectueuses, tout le temps gagné par le transport par chemin de fer est perdu par suite d'arrêts inutiles que le système anglais a réussi à éviter.

Rouen, le 20 Juin 1875.

J. De Coene
Ing: c.

Nota: La gare à voyageurs de St Pancras étant un des monuments les plus importants de Londres, j'ai cru qu'il était intéressant en traitant des gares anglaises de joindre la description du comble de cette gare.

Gare aux marchandises de Canada-Dock.

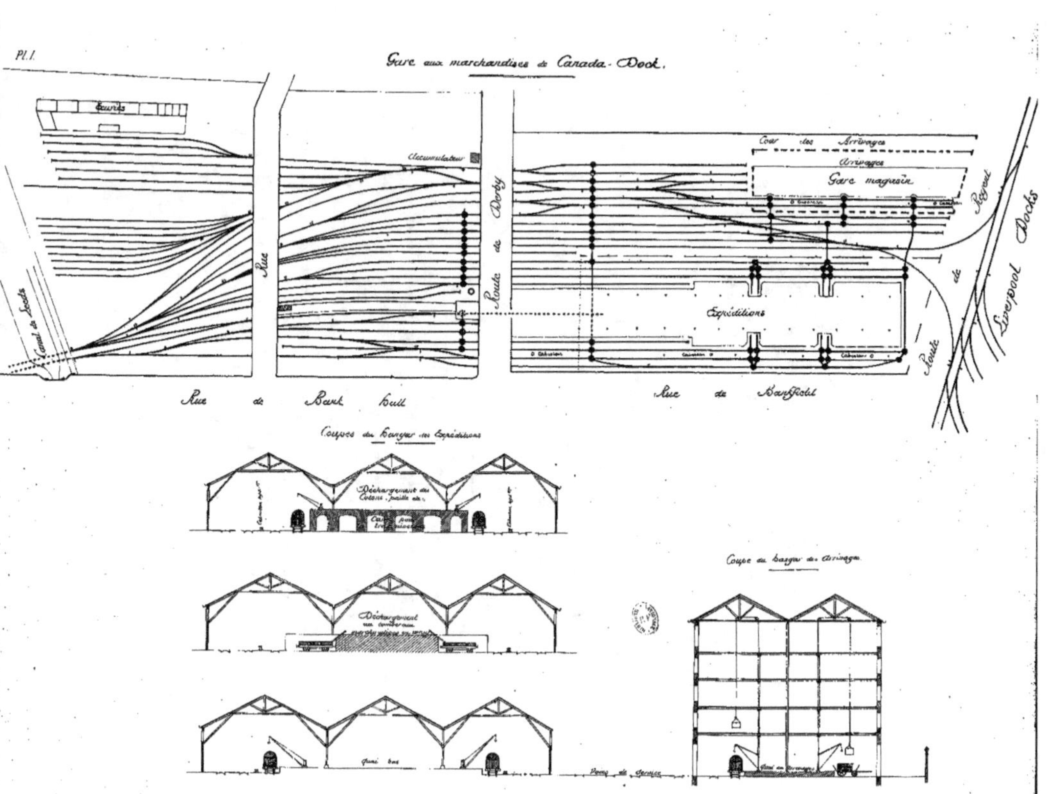

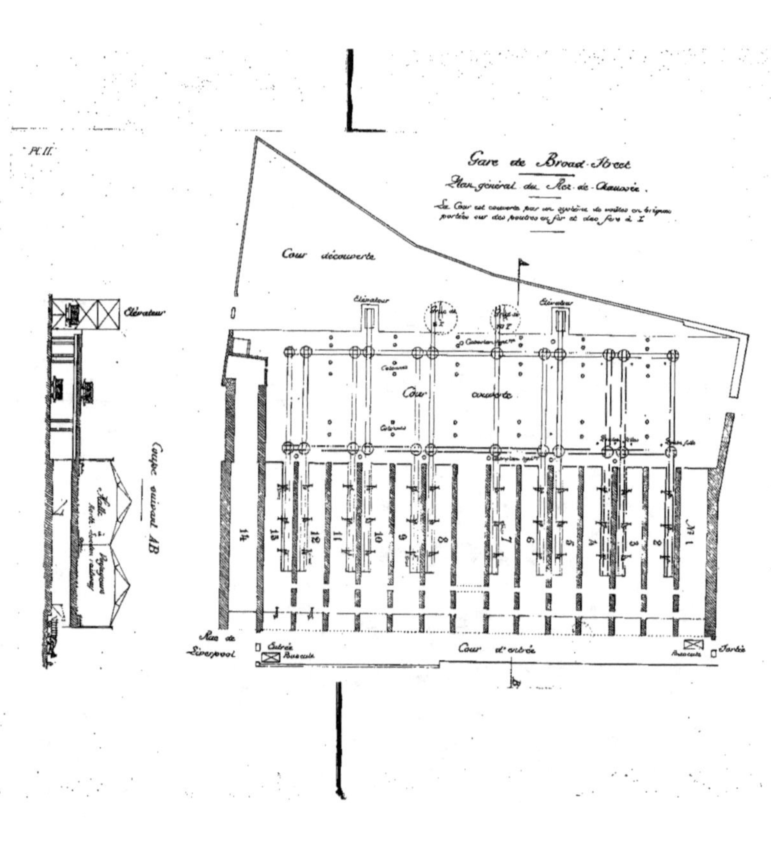
Pl. II.
Gare de Broad Street
Plan général du Rez de Chaussée
Cour découverte
Cour couverte
Élévateur
Élévateur
Élévateur
Coupe suivant AB
Rue de Liverpool
Cour d'entrée
Entrée
Bureaux
Sortie
14 13 12 11 10 9 8 7 6 5 4 3 2 1

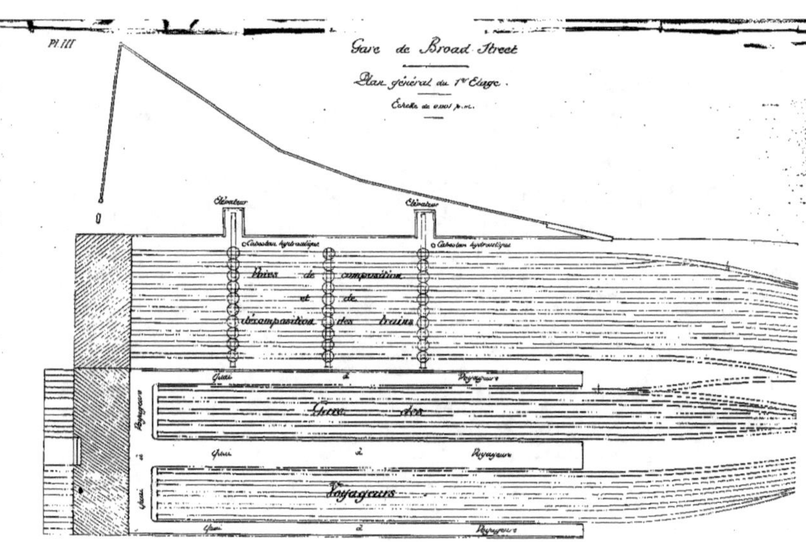

Pl. III
Gare de Broad Street
Plan général du 1er Étage.
Échelle de 0.001 p. m.
Élévateur
Élévateur
Cabestan hydraulique
Cabestan hydraulique
Voies de composition
et de
décomposition des trains
Quai à Voyageurs
Quai des
Quai à Voyageurs
Voyageurs
Quai à Voyageurs

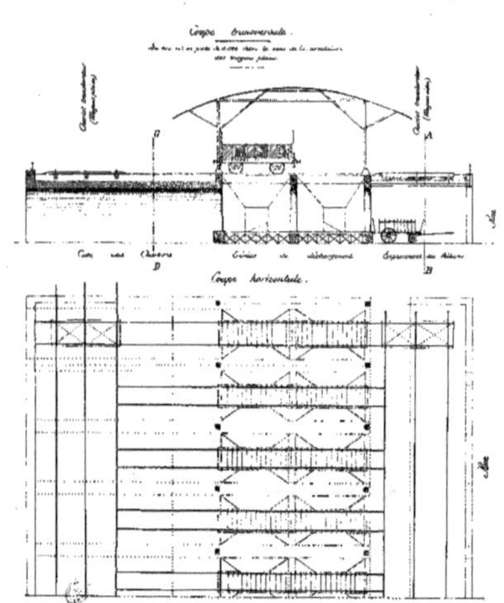

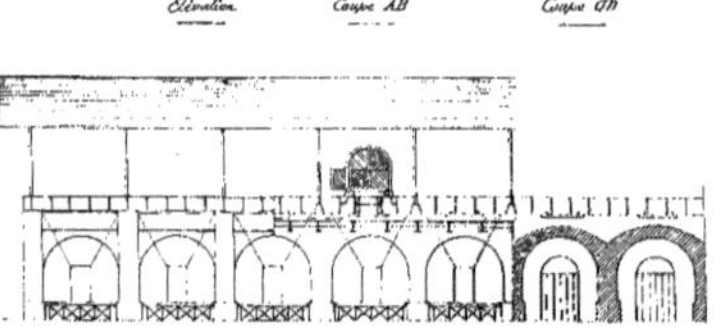

Gare du Midland

Hangar aux charbons

Échelle de 1:100 p.

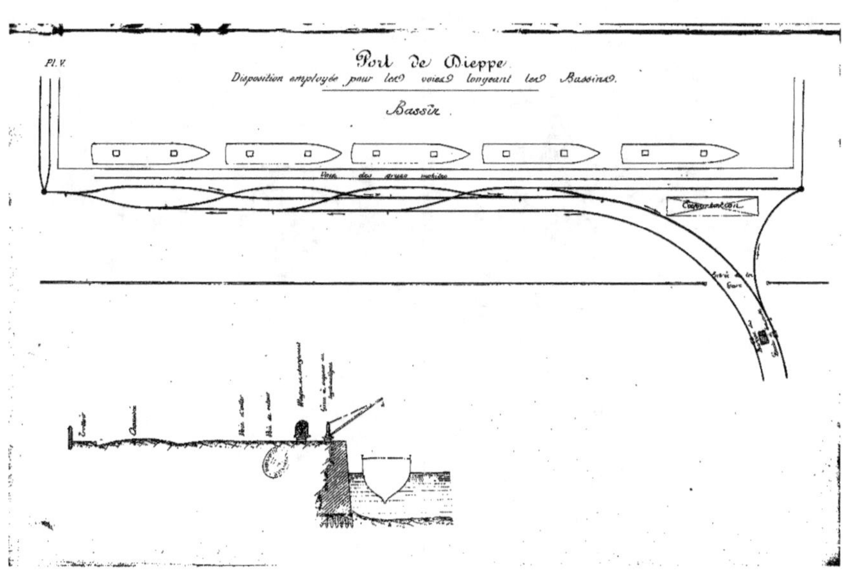
Pl. V.
Port de Dieppe.
Disposition employée pour les voies longeant les Bassins.
Bassin.

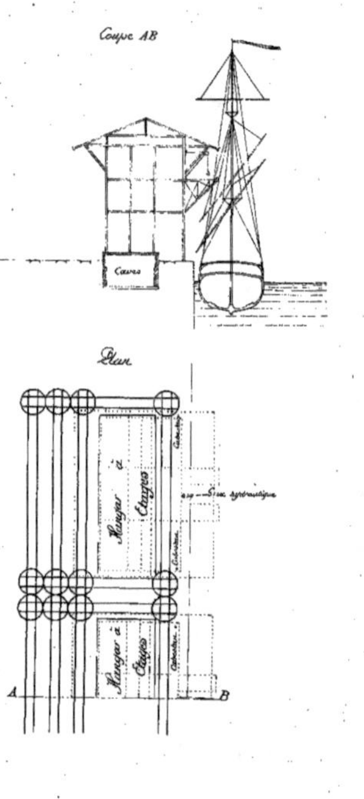

Élévation

Gare de Sondrio et North Western railway

Échelle de 0.002 p. m.

Entrepôts à étages de Birkenhead.

Élévation transversale.

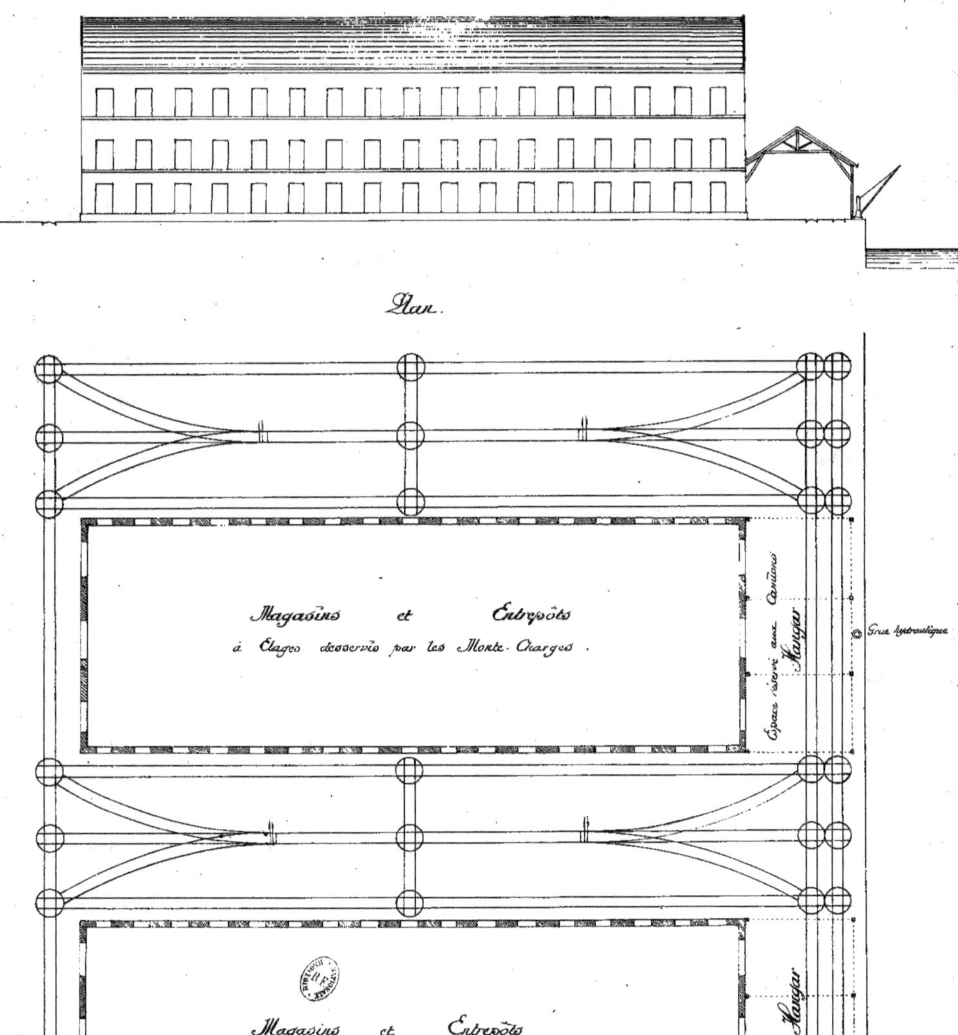

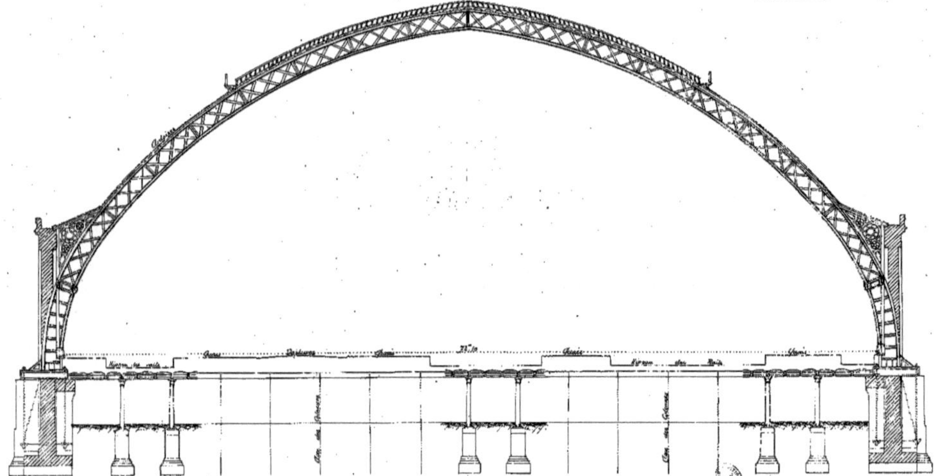

Société des Ingénieurs Civils

Description de la station et du comble de St Pancras
Chemin de fer intérieur
par
William Henry Barlow F.R.S., M. Inst. C.E
accompagnée d'un résumé de la discussion du mémoire.

Le système de lignes connu sous le nom de <u>chemin de fer intérieur</u> (Midland Railway) prit naissance par la fusion des chemins de fer de Midland Counties, North Midland, Birmingham et Derby. Au moment de leur fusion chacun d'eux se trouvait dans une position financière très-précaire. A cette époque (1844) la longueur totale du Midland Railway était de 200 milles. L'avantage de l'unité d'action de ces trois chemins de fer était très-grand et fut rapidement constaté par les actionnaires et le public. En peu de temps, le système de ces 3 chemins de fer fut augmenté par bail ou fusion du Birmingham-Gloucester, du Sheffield-Rotherham, du Leeds-Bradford et du Leicester-Swannington, pendant que la Compagnie réunie construisait de nouvelles lignes passant sur Lincoln, Peterborough, Burton, la vallée d'Erewash, Nottingham, Mansfield et d'autres lignes de moindre importance.

Peu de temps après on fit des conditions à une ligne qui unissait le chemin de fer de Leeds-Bradford avec celui de Lancaster-Morecombe Bay. A cette époque le transport résultant de la réunion de ces grandes villes manufacturières et des riches districts houillers du Derbyshire et du Leicestershire,

2

dépendait du chemin de fer London North Western pour les arrivages à Londres.
En 1857 le Midland ouvrit l'artigne de Leicester à Hitchin, ce qui lui fit acquérir
une deuxième ligne de communication avec Londres par le Great Northern
Un peu plus tard la Compagnie du Midland construisit une ligne de Rowsley
à Buxton, dans le Derbyshire, ci-avant des envois, obtint l'autorisation
de construire une ligne allant du chemin de fer de Buxton à ceux de Sheffield
du Lincolnshire et de New Mills, se ménageant ainsi des moyens de
communication directs avec Manchester et les districts environnants de Lancashire

Le Midland Railway s'était ainsi transformé en ligne locale en
un grand réseau se reliant à des villes importantes et nombreuses, aux centres
commerciaux de Yorkshire et du Lancashire et aux riches districts houillers
Derbyshire et du Leicestershire, on résolut enfin de demander au Parlement
l'autorisation de faire une ligne allant à Londres.

Partant de Bedford, cette ligne traverse St Albans et Luton, entre
à Londres par un tunnel sous Haverstock Hill, et finit près de Euston
Road, dans la paroisse de St Pancras, tout près de la Station de King's
Cross et du chemin de fer le Great Northern.

À quelque distance du terminus, un embranchement d'une voie
abandonne la ligne principale et descend graduellement, par un tunnel sous
la nouvelle gare des voyageurs, pour se réunir au chemin de fer Métropolitain
près de la station de King's Cross.

La Compagnie du Midland avait tout d'abord organisé à Londres
un chantier à marchandises lui appartenant et qui communiquait avec la
ligne principale du chemin de fer du Great Northern pendant la durée de ses
travaux avec cette compagnie. Une grande augmentation de marchandises
et comme conséquences, la nécessité de voies d'évitements, de halles couvertes,
de magasins &c prouva l'utilité d'acquérir autant de terrain que possible
dans le voisinage de sa gare de marchandises à Londres; aussi la Compagnie
ne perdit-elle pas un instant à acheter à des conditions avantageuses un terrain
qu'on lui offrait près de Euston Road. La possession de ce terrain
détermina la position de la nouvelle station. Le voisinage du terrain de cette
station est traversé par le Régent's Canal, à une distance de 45 chaînes
au nord du Euston Road; aussi dut-on faire passer au-dessous du canal la
ligne principale des passagers afin de conserver de bonnes dispositions et les

niveaux convenables pour les stations de Camden Road Kentish Town et Haverstock Hill. Il en résulte que le niveau de la station de St Pancras fut de 12 à 17 pieds au-dessous des routes voisines.

D'autre part, l'embranchement de St Pancras, afin d'effectuer sa jonction avec le chemin de fer Métropolitain, fut pris à un niveau inférieur à celui sous le Canal de Régent ainsi que sous une longueur considérable de la voie principale et ses bâtiments ainsi que sous la gare des voyageurs.

Un espace utile considérable, de même étendue que la station et au-dessous d'elle, fut la conséquence de l'élévation des rails au-dessous du sol. Dans le projet primitif on devait combler cet espace avec les matériaux extraits du tunnel de l'embranchement de St Pancras et faire le comble de la station des voyageurs de 2 ou 3 portées. Mais comme la gare était bornée au Sud par le Euston Road, à l'est par le vieux chemin de St Pancras et à l'ouest par Brewer Street; comme d'autre part la différence de niveau rendait possible la construction d'un plancher inférieur communiquant directement avec ces rues, la station fut considérée si avantageuse que les Directeurs prirent la décision de consacrer ce sous sol tout entier aux marchandises en établissant une communication avec les voies au moyen de treuils hydrauliques.

On disposa ce sous sol tout spécialement pour le trafic de la bière de Burton, et afin d'économiser l'espace le plus possible, on décida l'emploi de colonnes et de voûtes au lieu de piliers et d'arcades en briques; les distances entre les colonnes furent les mêmes que celles des magasins que l'on avait construits exprès pour le magasinage de la bière. C'est ainsi qu'en réalité la longueur d'un fût à bière devint l'unité de mesure à l'aide de laquelle furent prises toutes les dispositions de cet étage.

Cette décision conduisit à une révision de la couverture antérieure. Il devint évident que si l'on employait des colonnes intermédiaires, elles devraient être descendues jusqu'au sol inférieur, avoir environ 60 pieds de long et un diamètre beaucoup plus considérable que le reste des colonnes qui se trouvaient sous la station. Cela conduisait également à l'emploi de longrines, de croisillons variables, à une disposition variable du sol inférieur, augmentant ainsi le prix par tonne de cette portion de l'appareil en fer, de plus la distribution économique était dérangée. De plus ces colonnes ayant à supporter de grandes surfaces de couverture s'ajoutent en plancher en surchargeant d'autant les fondations qui conséquemment eussent dû être élargies, enfin comme quelques unes d'entre elles eussent dû être placées au-devant du tunnel de l'embranchement de St Pancras, il eut fallu des moyens spéciaux et une augmentation de dépense pour supporter la charge précitée en ces endroits.

D'autre part on remarqua que les longrines du plancher traversant la station formaient le tirant suffisant et tout prêt d'une couverture en arc traversant la gare d'une seule portée, puisqu'il ne fallait, pour obtenir une couverture de cette construction, qu'un arc formant la partie supérieure de la ferme, dont les longrines du sol formeraient la membrure inférieure. Dans le cas particulier il y avait un troisième point à observer:

Dans les couvertures métalliques, telles qu'on les construit habituellement, la flèche est environ 1/5 de l'ouverture, mais ici, en adoptant un arc qui traversait la gare, la hauteur du tirant situé sous les rails au sommet de l'arc, devint la hauteur effective de la ferme et cette hauteur étant environ les 2/5 de l'ouverture, tous les efforts horizontaux provenant du poids mort du toit, d'sa couverture, des amas de neige &c, seraient environ les mêmes dans un arc d'une ouverture de 240 pieds avec une hauteur de ferme de 100 pieds, comme dans une ferme ordinaire de 120 pieds avec hauteur de 24 pieds. Si donc nous exceptons telles additions qui pourraient être nécessaires à conserver à l'arc sa configuration, la surface de section au sommet et les 2 tiers environ de l'arc entier n'auraient pas besoin d'être plus grands qu'une ferme ordinaire de 120 pieds de portée. L'arc apportant avec lui plusieurs avantages:

L'un d'eux était de rendre plus faire nécessairement les murs latéraux plus épais puisque le poids de la couverture était reporté au niveau du sol au lieu de rester au sommet des murs. En effet, non seulement on évitait la charge au sommet des murs, mais aussi le mouvement destructeur provenant de la dilatation et de la contraction d'un comble ordinaire, qui, malgré qu'on puisse l'atténuer, n'est pas évité par l'emploi de rouleaux ou autres moyens analogues aux pieds des fermes.

On vit aussi que l'arc pourrait être constitué de plaques rivées comme un pont ordinaire de chemin de fer, évitant ainsi la dépense qui vient de l'emploi de fonte et de fer forgé dans les combles ordinaires, ainsi que les taraudages, _gibs and cotters_, les soudures et autres main-d'œuvre

coûteuses de même nature. De plus pour en revenir à la question de la dilata-
-tion et à la contraction de la couverture en arc, comme les tirants sont sous le
ballast, la température varie si peu qu'il est inutile de les prévoir ; quant à
la partie arquée de la couverture qui doit peut-être sujette à des changements
appréciables, le seul effet produit sera une légère élévation ou un léger abaisse-
-ment du sommet.

Les dispositions de toits à combinaison ou contreventés, nécessaires dans les
combles ordinaires pour remédier aux effets des variations de température, étaient
supprimées par l'adoption d'un arc ; enfin l'adoption d'un seul arc économisait
non seulement l'ordre des colonnes et de leurs fondations, mais aussi celle des
poutres nécessaires à les relier à leur partie supérieure, ainsi que le chéneau
entre les toits, les tuyaux de descente et autres dispositions servant à enlever
les eaux sur la ligne centrale des 2 toits qui causent inconvé... environ 2 acres.

Tous ces motifs favorisaient l'idée d'un arc au-dessus de la
gare, la question qui restait à résoudre était celle-ci : quelle flèche,
quelle forme à donner à la poutre, quelles dispositions additionnelles
fallait-il employer pour constituer un arc qui pût garder sa forme
dans toutes les conditions d'efforts provenant de son propre poids, de la
neige et des différents coups de vent. Les résultats auxquels on arrive, partie
par le calcul, partie par l'expérience, sont les suivants :

1º La flèche de la courbe doit être suffisante pour contenir
toutes les résultantes de pressions engendrées par le poids mort, la neige
et le vent.

2º La surface de section du métal doit être suffisante pour
résister à l'effort total sans que l'acier ait à travailler à plus de 5 tonn.½
par pouce carré.

3º Que toutes les parties de l'arc doivent être rivées entre elles
avec des couvre-joints convenables de manière à lui donner les avantages
d'une continuité parfaite.

La valeur additionnelle probable de fermes ainsi construites,
de 240 pieds d'ouverture comparées aux fermes de 2 portées de 120 pieds
et leurs colonnes, fut estimée à environ 6000 livres.

Malgré cela, l'importance attachée par les Directeurs et
le Directeur Général à une parfaite liberté d'emploi de la surface totale

de la gare pour les besoins du trafic, débarrassée de colonnes et autres choses gênantes fut telle, que les instructions furent données d'employer un arc d'une seule portée.

Les lignes principales de l'ouvrage ainsi déterminées, on commença aussitôt les plans et les dispositions de la gare. Les travaux en briques qui se trouvaient sous la gare, y compris l'embranchement de S. Pancras qui passait dessous et tous les travaux des voies supérieures et inférieures s'étendant vers le Nord de 3/4 de mille formèrent un marché comprenant plusieurs ouvrages compliqués. Ce marché fut passé et exécuté d'une manière satisfaisante par Messieurs Waring sous la surveillance de M. Campion chef de cabinet de l'auteur de cette brochure, tandis que la chaudronnerie de plusieurs ponts, viaduc et autres travaux d'art, y compris les colonnes, poutres, longrines du plancher inférieur de la gare fut confiée aux soins de son aide, M. Grier. L'auteur doit les détails de la couverture à M. Ordish. Les connaissances pratiques et les excellents conseils, lui permirent, tout en conservant la forme, la flèche et le projet général, d'apporter plusieurs améliorations dans la construction.

Pendant que cela était en train, on invitait les architectes les plus éminents à concourir pour les projets des bâtiments de la gare, les bureaux d'enregistrement et l'hôtel. On fournit d'ailleurs aux architectes les plans des divers bâtiments, indiquant la position des bureaux d'enregistrement, les salles d'attente et l'hôtel, avec le projet du comble de la gare auquel on devait ajuster les murs intérieurs. Enfin le projet de M. Gilbert Scott fut adopté et l'on acquit les services de cet architecte éminent pour élever les bâtiments de la gare et l'hôtel au dessus des fondations.

La disposition générale de la gare est sur le type de celles de de Cannon-Street, Charing Cross et Victoria en ce sens que les trains d'arrivée sont amenés de chaque côté d'une voie praticable aux voitures, mais elle en diffère en ce que les bureaux d'enregistrement sont sur le côté au lieu d'être au bout des plateformes.

La planche 8 indique la disposition des plateformes et des voies de la gare des voyageurs. Rien n'appelle l'attention d'une manière spéciale si ce n'est qu'il y a trois niveaux de rails, le plus bas est bien évidemment de St Pancras qui traverse en courbe obliquement du côté ouest au côté est. Au-dessous sont les rails du plancher inférieur et encore au-dessous les rails et les plateformes de la gare à voyageurs. La Compagnie du Midland construira aussi une partie de la 2ᵉ ligne du Métropolitan Railway qui passe sous l'extrémité de l'hôtel et sous les parties sud-ouest routes d'arrivée à la gare.

On fait des propositions d'agrandissement en dehors de la gare pour la liaison du charbon sur la route de St Pancras ainsi que dans Cambridge Street et le bassin du canal construit pour échanger les marchandises entre le chemin de fer et le canal. (Voir planche 5).

Tous ces bâtiments seront outillés des appareils les plus nouveaux et les plus recherchés pour décharger le charbon, dans Brewer Street on est en train de continuer des travaux semblables.

La devanture de l'étage inférieur de la gare, aboutissant aux voies voisines fut transformée en boutiques aux endroits où les besoins du chemin de fer pouvaient le permettre. L'espace ainsi employé est celui compris entre les murs de la gare et les rues.

La section verticale couverte de la gare des voyageurs paraît grande parce qu'il n'y a pas de colonnes ni autres objets qui masquent la vue, en réalité, elle n'est pas aussi grande que quelques unes des gares d'arrivée de de Londres.

Le tableau ci-dessous indique la surface close couverte de quelques unes des principales gares de tête.

Noms des chemins de fer	Noms des gares	Surface mesurée au dessous des murs en yards carrés.	Longueur de la voie de service
Londres et South Western	Gare de Euston	23,144	
Great Northern	Gare de King's Cross	22,808	
Midland	Gare de St Pancras	18,822	
South Eastern	Gare de Cannon Street et Charing Cross	13,875+8,888	
Great Western	Gare de Paddington	23,807	
	Gare de Victoria, environ	40,000	

Description du sol inférieur.

Le sol inférieur contient 720 colonnes de fonte à bases de pierre posées sur fondations en briques. Quarante-neuf rangs de longrines principales traversent la gare et 15 longrines semblables la parcourent suivant sa longueur. Celles-ci portent des longrines intermédiaires et le tout est couvert de plaques de joint système Mallet.

La résistance des longrines et des plaques suffit à porter des locomotives réparties sur toute la surface ainsi. Le prix de toute la ferronnerie s'éleva à 57.000 livres soit environ 3 livres 6 pences par yard carré.

Description de la couverture.

Les fermes ou pièces principales se composent de fer laminé et de tôle, elles ont 6 pieds de hauteur ou 1/40ᵉ de la portée totale. La partie des fermes entre les murs est à jour, mais les extrémités des fermes dans les murs se composent de plaques continues.

Le poids des pieds ou piedroits est de 9 tonnes 18 quintaux

$$2 = \underline{\hspace{8cm}}$$

	tonnes	quintaux
	19	15
La partie à jour allant d'un mur à l'entre-corde	35	0
	tonnes	quintaux
Le vide de chaque ferme est donc de	54	16

Le poids de chaque ferme se répartit ainsi qu'il suit :

	L	S	
Fers forgés spéciaux 54 tonnes 16 qˣ à 18 livres 15ˢ =	1 013	16	0
4 boulons de scellement	49	0	0
4 scellements d'ouvrage	24	12	0
2 bras montés	12	8	0
2 tympans de naissance serrés	32	8	0
	1132	4	0

Les fermes portent au-devant des piliers des murs et les piliers portent et l'alignement des murs. L'ouverture entre murs est de 245 pieds 6 pouces et la distance du centre au centre des fermes est de 29 pieds 4 pouces. L'arc se relève légèrement en pointe au sommet et cette forme possède ainsi comme quelques avantages pour résister à l'action latérale du vent, en même temps qu'elle rectifie l'effet architectural. Le rayon de courbure diminue aux naissances afin de donner plus d'espace vertical près des murs. Le mode de joints et d'attaches employés se voit facilement dans la planche 8. Le vitrage est en sillons et ondulé, la ventilation s'obtient sur toute la longueur de chaque sillon qui est ouvert et protégé de la pluie par un chapeau à ventilation. De cette façon l'aérage est très complet. La couverture est entièrement pourvue de passerelles sur toute la longueur de façon que chaque carreau peut être enlevé et remplacé. Les pignons ou écrous consistent en 3 longrines horizontales en lattis, larges de 6 pieds, unies et supportées par des pièces verticales semblables. Leur disposition et leur mode d'attache aux fermes se voit aisément planches 8 et 9.

Le levage du toit fut effectué au moyen de deux grands échafaudages en charpente divisés chacun en 3 parties afin de pouvoir mettre en mouvement, séparément, chacune des parties des 2 échafauds. Ces échafaudages furent étudiés par la Cie Butterley qui avait entrepris la couverture et le plancher inférieur, M. (actuellement de) G.J.N. Allègue dirigeait les travaux. Les échafauds avaient 40 pieds de large, étaient d'une grande résistance et contenaient environ 25000 pieds cube de charpente et 80 tonnes de ferrements. Le poids de chaque échafaud était d'environ 580 tonnes et en supposant dessus deux arbalétriers ; le poids sur les longrines du plancher, y compris les hommes et les appareils, était à peu près de 650 tonnes. Le passage de ces deux échafaudages qui pouvaient rouler tout au long du plancher du bâtiment, constituait une épreuve suffisante de la résistance de cette portion de l'ouvrage.

Le levage fut exécuté de la manière suivante : les deux parties inférieures ou les pieds des fermes furent d'abord placées provisoirement en position en tenant la maçonnerie de briques environ 3 pieds au dessous de sa hauteur définitive. Les pieds furent alors soigneusement fixés à l'aide de pièces de charpente et de coins puis rivés aux extrémités des longrines du plancher, après quoi on continua la maçonnerie en briques bleues de Staffordshire posées en ciment Portland, lorsque l'ensemble fut afforcé à la partie inférieure et les pièces de charpente enlevées au fur et à mesure de l'avancement de la maçonnerie.

La partie à jour des fermes principales fut commencée à partir des extrémités de chaque côté par parties d'environ 18 pieds de long, elles furent mises provisoirement et supportées par l'échafaudage jusqu'à ce que toutes les pièces fussent en place. L'ensemble fut alors aligné, mis de niveau et rivé aux pannes (pannes) et autres pièces de fer.

Il fallut pour lever les pièces et les river après avoir fixé les pieds, six jours pour chaque ferme et les 14 dernières fermes furent terminées en 17 semaines y compris les retards dus au mauvais temps, au manque de matériaux et autres causes. La chaudronnerie fut levée par une machine à vapeur très-ingénieuse qui actionnait des cordes de treuils (derricks) posés sur les échafauds. Les supports pouvaient s'ajuster sur l'échafaudage. On adopta des dispositions spéciales pour assurer l'alignement, la forme et le niveau de l'ouvrage, comme la totalité des pièces en fer avaient été montées dans les ateliers de Butterley, on arriva à les assembler sans difficultés. La plus grande dépression des fermes, une fois le centre déterminé, n'était que de 1/4 de pouce et la moyenne de 3/16 de pouce.

Le marché prévoyait l'essai du toit, mais l'extrême raideur de l'appareil et les épreuves auxquelles il fut soumis pendant le levage, suffirent à démontrer qu'un essai ultérieur était inutile. Par suite d'un retard dans la livraison des briques de parements pour les murs de côté, on leva un nombre considérable de fermes qui furent couvertes de madriers, d'ardoises et vitrées avant l'achèvement des murs de côté. En même temps survinrent plusieurs bourrasques dont l'une était très-rude et cependant il n'y eut pas le plus léger mouvement visible. Les alignements du toit sont remarquablement bien conservés.

La Compagnie Butterley s'est fait le plus grand honneur par la manière dont elle a construit le toit et leur contremaître de chantier Mr Clark mérite une mention toute particulière pour le levage et l'assemblage sur place.

Résistance du Comble.

En étudiant la résistance d'une couverture de cette forme, on ne pouvait se prévaloir d'aucun précédent de dimension suffisante. Dans les 3 combles à grande portée précédemment construits (principalement ceux des gares de New Street, à Birmingham, de Cannon Street et de Charing Cross à Londres) on employa des fermes en arc munies d'un tirant et de liens espacés entre le tirant et le sommet de la ferme, qui lui assurent sa forme arquée. Il fallait construire à St Pancras un arc capable de conserver sa forme sans liens autres que le tirant. Le métal fut donc soumis à une faible pression et l'on supposa qu'un poids additionnel considérable s'ajoutait au poids propre de la ferme. Partant de là, afin d'assurer la résistance, l'arc fut projeté pour supporter 70 livres par pied carré mesuré avec le plan en plus du poids des fermes et l'effort sur le métal ne dépassant pas 3 tonnes 1/2 par pouce carré, ce qui équivaut environ à une charge de 56 livres par pied carré avec effort de 3 tonnes par pouce carré. Sur les 54 tonnes 16 quintaux, poids de la ferme, une partie appartient au moyen d'attaches au tirant; excluons cette partie et le poids de la ferme se répartit ainsi :

La partie d'arc ouvert entre les naissances _______ 35 tonnes

Les pieds ou piédestaux 9 tonnes 10 quintaux chacun ___ 19 tonnes

_______ 54 tonnes

La surface portée par la portion arquée de la ferme est de 240 pieds x 29 pieds 4 pouces _______ 7040 pieds carrés

Avec la surcharge de 70 livres par pied, la surcharge totale est de 7040 x 70 livres _______ 220 tonnes

ajoutons le poids de l'arc _______ 35 tonnes

_______ 255 tonnes

La ligne de pression forme un angle de 55° avec l'horizontale aux naissances conséquemment les pressions sont

Aux naissances _______ 155 tonnes

au sommet _______ 89 tonnes

L'aire de la section de la ferme est de 46 pouces carrés, savoir : 23 pouces carrés à l'âme supérieure et 23 pouces carrés à l'âme inférieure, en sorte que l'effort sur le métal avec la charge supposée de 70 livres par pied carré est de :

Aux naissances _______ 3 tonnes 37 quintaux

au sommet _______ 1 tonne 94 quintaux

L'expérience a démontré que dans les grands combles, les fermes de forme ordinaire donnent naissance à des efforts mesurés par une charge de

56 livres par pied, qui ajouté un poids de la ferme peut aller à 4 ou 5 tonnes en compression et de 7 à 8 tonnes extension sans dépasser la limite de nécessité.

Le motif qui fit adopter une pression aussi faible à St Pancras, fut, que dans un arc de cette forme particulièrement sous l'action latérale du vent, la ligne de pression dévie plus ou moins du centre de gravité de la section. L'effet de cette déviation est de rejeter une pression plus considérable sur un côté de la ferme que sur l'autre. Mais la valeur de la différence qui prend ainsi naissance est contrebalancée et modifiée par la hauteur et la raideur de la ferme résistant à la flexion, ainsi que par les croix de St André qui permettent aux pressions qui agissent sur un côté de la ferme de se transmettre à l'autre.

L'essai vient de ce que l'on pourrait nommer les épreuves involontaires pendant le levage des fermes. La grande raideur et l'absence presque totale de dépressions ou modification quelconque du comble mènent à cette conclusion que la résistance de l'ensemble est supérieure à ce qui eut été indispensable.

Afin de rendre possible une comparaison à ceux qui s'intéressent à notre sujet, nous avons donné un état sous forme de tableau des principales dimensions de la construction des fermes des 5 principaux combles qui aient été construits. Il comprend le comble actuellement en cours d'exécution par Mr William Barker, pour le chemin de fer London et North Western à la gare de Lime Street à Liverpool, dans lequel les portées varient jusqu'à 220 pieds. La ferme dont Mr Barker a fourni le détail à l'auteur a 212 pieds de portée.

Noms des gares.	Portée de la ferme du comble	Flèche montée du sommet de l'arc au tirant	Surface de toit supportée montée sur le plan	description de la couverture	Poids de la couverture par pied carré	Poids d'une ferme	Aire de la section qui subit la compression maximum	Aire de la section résistant au milieu	Remarques.
	Pieds	Pieds	Pieds²		livres	Tonnes	Pouces carrés	Pouces carrés	
Gare de New Street à Birmingham.	211	23	5,054	Tôle ondulée et verre.	20	25	35,05	12,56	La ferme porte d'un bout sur un mur et de l'autre sur une colonne de 5ᵀ 10.95
Gare de Charing Cross.	166	30	5,310	Planches ardoisées et verre.	37	27	27.00	14.18	Murs des 2 côtés.
Gare de Cannon Street.	190	30	6,460	— d° —	37	37[(1)]	33.76	22.14	— d° —
Gare de Lime Street (Liverpool)	212	22.9	6,794	— d° —	38	44	50.37	33.00	Portée par 2 colonnes pesant chacune 5 tonnes 10 quintaux.
Gare de St Pancras.	240	107	7,040	— d° —	36	54	46.00	.. /	Naissance à la surface du sol. Poids des pièces métaux compris dans celui de la ferme.

(1) Il y a aussi environ 5 tonnes 10 quintaux de fonte consistant en semelles, plaques de fondation, consoles, scellements qui terminent les extrémités des fermes.

Prix du Comble.

Le comble tel qu'il fut projeté possédait 24 principales fermes et un pignon ou écran du côté du nord. On avait l'intention de terminer le côté sud par un mur comme dans les combles des gares de Cannon Street et de Charing Cross. Mais l'adoption du projet de Mʳ Gilbert Scott pour les bureaux de la gare et l'hôtel fit abandonner cette disposition.

Dans le projet primitif, l'hôtel était monté au dessus de la partie sud des bureaux de la gare, mais on craignit que la vapeur et la fumée des locomotives ne se fissent jour par les fenêtres de l'hôtel et Mʳ Scott projeta un second pignon écran pour l'extrémité sud afin d'isoler la gare des bâtiments de l'hôtel. Ce second écran entraînait une ferme principale additionnelle, ce fut le seul point sur lequel on s'écarta du projet primitif de l'auteur.

Le prix du comble tel qu'il est installé est d'après le relevé des comptes :

Les 24 fermes principales avec boulons de fondation, scellements, tympans ornés, socles montés &ᵃ ———————— 27,187 £

Couverture, comprenant glaces, plomberie, pannes, fermes intermédiaires, contreventements, chéneaux, ventilateurs, galeries, &ᵃ ———————— 26,296

Coût total du toit, écrans exceptés ———————— 53,483

Pour le pignon nord ———————— 7.375

Ferme principale additionnelle, tympans, &ᵃ, à à l'extrémité sud ———————— 1132

Pour le pignon sud ———————— 7375

8507

L'espace entre murs, mesuré sur place, étant de 169.400 pieds superficiels, le prix des 100 pieds carrés sera de :

Pour les 24 fermes principales ———————— 15 £. 1 ˢ

Pour la couverture, y compris les conduites. &ᵃ ———————— 15.10

Coût total du comble sans écrans ———————— 31.11

Coût additionnel de l'écran nord par 100 pieds carrés ———————— 4 . 7

Coût additionnel par 100 pieds carrés de la ferme extra et l'écran sud   5 . 0

Noms des gares.	Portée en pieds	Coût par 100 pieds carrés excepté les pignons	À ajouter pour un pignon.
Cannon Street	190	43 £. 10 ˢ. 0 ᵈ	6 £. 0 ˢ
Charing Cross	166	34 . 0 . 0	6 . 0
St Pancras	240	31 . 11 . 0	4 . 7
New Lime Street	212	30 . 0 . 0	Coût, estimés
Victoria côté du Great-Western	120	27 . 13 . 4	compris les pignons

Ce n'est cependant pas là une règle des valeurs des constructions. Le prix de pareils ouvrages est sujet à varier avec celui de la main-d'œuvre et des matériaux au moment de l'exécution, avec la position locale et la rapidité plus ou moins grande de la livraison. Ils peuvent aussi varier ultérieurement et d'une manière plus considérable avec la position financière de la Compagnie pour laquelle se fait l'ouvrage. La chaudronnerie et ouvrage en fer des combles de Cannon Street et de Charing Cross furent passés au prix de 24ᵗ. 5ˢ la tonne tandis que la nouvelle gare de Liverpool fut payée 17ᵗ. 10ˢ la tonne, les constructions étaient pareilles dans les deux cas et le détail de l'ouvrage identique.

On a souvent dit qu'il y aurait plus d'économie à faire le comble de St Pancras de 2 portées au lieu d'une. Dans les circonstances ordinaires on eut obtenu pour différence 1/3 du prix des fermes principales, mais la dépense additionnelle de colonnes qu'eut entraîné le cas particulier, motivées par l'étage inférieur et le tunnel en dessous eussent diminué considérablement cette différence. Au point de vue de l'espace gagné, l'adoption de ce procédé était discutable, car ainsi qu'on peut le voir au plan, les colonnes eussent été placées là où la gare est centrée pour poser des rails et leur diamètre ainsi que le débouché nécessaire de chaque côté eut amené à sacrifier une voie ou bien eut pris une largeur équivalente sur les quais.

Donc, si l'on considère que la Compagnie a obtenu sa gare dans la Métropole à un prix si élevé de terrain et d'ouvrages d'art, que sa surface totale en égard à l'étendue de la ligne est moindre que celle d'aucune autre gare de tête importante de Londres et que le réseau du Midland n'est pas encore en communication avec toutes les sources commerciales prévues, le sacrifice d'une largeur de 5 à 6 pieds dans l'endroit le plus utilisable de la gare est à peine justifié une économie même plus importante que celle qui a été évaluée. Telle qu'elle a été construite, l'espace en activité de la gare est libre d'entraves de quelque nature qu'elles soient et la Compagnie peut y faire toutes modifications ou dispositions de lignes et de quais motivées par l'énorme transport qui ne cesse de s'augmenter. Le comble a une grande résistance, n'a pas été plus coûteux que d'autres construits précédemment et en égard à son coup d'œil et à son effet général ne sera pas considéré probablement comme impropre à une gare de tête de Londres dont le réseau est aussi considérable et aussi important que celui de la Compagnie du Midland.

Le prix d'une couverture en général, considéré purement au prix s de vue de la construction, indépendamment des variations du prix des matériaux, est un problème simple.

L'élément qui domine tout, est le mode de couverture, vu qu'il entraîne avec lui le prix et la charge. Une tôle légère et ondulée non seulement coûte meilleur marché que la planche et l'ardoise, mais ne pèse plus de la moitié, nécessitant ainsi moins de résistance dans les fermes. L'emploi de fers à châssis au lieu de bois augmente beaucoup le prix d'une couverture : les premiers ont l'avantage de la durée, mais le bois donne les facilités les plus grandes pour faire des joints étanches et quand il est préparé par le procédé de Burnett ou celui de Kyani, c'est peut-être la matière la plus convenable.

Quand on a fixé le poids et le mode de la couverture, la résistance des pannes dépendra de leur éloignement et de la distance qui sépare les fermes. Dans le comble de St Pancras, les pannes sont plus légères que d'habitude, parce que leur distance est de 5 pieds 6 pouces là où elles se réunissent aux fermes, conséquemment la résistance voulue est obtenue avec peu de matière.

Les fermes suivent les mêmes lois que toutes les constructions qui portent des charges. Avec le même mode de couverture, les mêmes poids de pannes, la masse des matériaux des fermes varie presque proportionnellement aux carrés des portées ; conséquemment, si l'on estime au carré de la couverture, la valeur varie directement avec les couvertures.

Dans les fermes ordinaires, l'espacement étant d'environ 30 pieds et la couverture en madriers, ardoises et verre, le poids de métal nécessaire des fermes peut être exprimé approximativement en tonnes par 100 pieds carrés de couverture en divisant la portée en pieds par 320.

D'où les nombres ci-dessous qui donnent les poids approximatifs nécessaires aux différentes portées :

Portées en pieds	Poids par 100 pieds carrés des fermes, en tonnes.
80	250
120	375
160	500
200	625
240	750

Si la position toute entière des fermes consistait à soutenir la couverture, les poids des fermes varieraient en raison directe du poids de la couverture, mais il est toujours nécessaire de prévoir un excédant de résistance pour les effets du vent et de la neige ; cet excédant est une quantité constante, en sorte que réduire le poids de la couverture de moitié ne réduit le poids de ferme que d'environ 1/3.

Ces principes quoique constatés suffisamment par la pratique, ne sont pas bien certains pour de très-grandes portées.

En pareille occasion et aussi pour comparer les dimensions de deux espèces de fermes, il est préférable d'avoir recours à la portée limite, c'est-à-dire que, nous supposons une construction donnée susceptible de porter une charge donnée avec un effort comme sur le métal ; que l'on doive agrandir dans toutes ses dimensions ; donc, en tant que l'aire de la section métallique résistante, croît comme le carré de la portée, tandis que le poids de la construction croît comme son cube, il s'en suit qu'il y a une portée dans laquelle le poids de la construction seul, sans aucune charge, produira l'effort donné sur le métal.

Soit w = le poids en tonnes d'une construction donnée ;

— S = la portée

— O = la charge qu'elle peut supporter avec un effort donné sur le métal

— L = la portée limite ;

On aura $\dfrac{O + w}{w} \times S = L$ la portée limite.

et pourvu que l'effort sur le métal soit aussi grand que la sécurité le permet la portée limite ainsi obtenue devient un modèle ou mesure de la valeur de la construction.

Ci-dessous se trouvent les portées limites, calculées approximativement, de quelques unes des constructions, portant des charges, les plus usitées.

L'idée de juger les valeurs relatives des constructions par leurs portées limites est due au professeur Rankine. Elle offre un moyen rapide d'obtenir approximativement le poids d'une construction donnée, car si l'on connaît la portée limite de la classe de construction, on a $w = \dfrac{O.S}{L-S}$.

Supposons qu'on veuille calculer le poids d'une ferme du comble de Liverpool avec un effort de 5 tonnes à la compression et une autre de 7 tonnes 1/2 à la tension, on aura : La charge estimée à 56 livres par pied carré sur 6784 pieds de couverture, est de 170 tonnes ; la portée est de 212 pieds et la portée limite ou module est de 1050 pieds.

$$\text{Donc on a} \quad \frac{170 \times 212}{1050 - 212} = 43 \text{ tonnes.}$$

	Effort à la compression	Effort à la tension	Portée limite approximative.
	tonnes	tonnes	pieds
Pour une longrine (arbalétrier) pleine en tôle, hauteur 1/16 de la portée	4	5	500
Longrine (arbalétrier) en lattis, hauteur 1/16 de la portée	4	5	536
d° 1/12 d°	4	5	672
d° 1/10 d°	4	5	768
Longrine continue en lattis, pont de la Boyne (modèle)	?	?	888
Fermes de combles ordinaires en arc	4 1/2 à 5	7 à 8	1000 à 1050
Fermes de combles en arc de St Pancras	2, 8	"	1022
d°	3, 0	,	1086
d°	3, 6	,	1270
Chaîne de suspension Bridge, projection du sinus, 1/10 de la portée.	,	5	2220
Câble en fil de fer du suspension Bridge	,	5	2400
d°	".	6	2880

De même pour le comble de Birmingham ; 5040 pieds de couverture, évalués à 40 livres par pied représentent 90 tonnes ; la portée est de 212 pieds et la portée limite comme précédemment 1050 pieds.

$$\text{Donc on a} \quad \frac{90 \times 211}{1050 - 211} = 23 \text{ tonnes.}$$

Les poids réels sont 44 tonnes et 25 tonnes ; dans le comble de Liverpool la différence est due à ce que les efforts de tension et de compression sont respectivement inférieurs à 5 tonnes et 7 tonnes 1/2. Dans le comble de Birmingham l'effort à la tension est plus grand, mais beaucoup moindre à la compression, il est en effet de moins de 4 tonnes. Il est facile à comprendre que le module ou portée limite dépend entièrement de l'effort auquel est soumis le métal.

Les portées limites indiquées ci-dessus pour des longrines et des ponts suspendus sont calculées avec les efforts en usage actuellement d'une manière générale ; aussi diffèrent-elles de celles obtenues par le professeur Rankine qui adopta 3 tonnes par pouce carré pour le poids mort et 6 tonnes pour la charge vive.

L'ensemble du sujet des portées limites des constructions mérite une étude plus complète ; car elles permettent non-seulement la preuve de la valeur d'une construction, mais encore de connaître le poids avant de commencer les dessins de l'ouvrage. Aussi peut-on rejeter toutes attaches, liens, §§ª qui sont superflus.

Cette note est accompagnée d'une série de diagrammes qui ont servi à faire les planches.

————————

M. I. I. Allport dit que les gares de chemins de fer furent fréquemment projetées soit avec colonnes intermédiaires ou murs en briques, variant de une à 5 ou 6 portées. En quelques années il arriva souvent que de telles gares devaient être remaniées, il fallait des quais où se trouvaient posées les voies et réciproquement, la difficulté était alors de faire le remaniement sans reconstruire la gare entièrement.

En discutant la question avec Mr Barlow, l'orateur s'était efforcé de faire sentir à Mr Barlow combien il était souhaitable d'avoir autant que possible une gare exempte de colonnes, de murs en briques quoiqu'il n'eut pas à ce moment en vue un comble comme celui qui a été construit. Il avait aussi suggéré aux Directeurs du Midland Railway qu'on devrait voûter la gare en entier, sachant que l'espace ainsi aménagé soit très-profitable au trafic de la bière de Burton, il croyait que cela fit naître tout d'abord dans l'esprit de Mr Barlow l'idée d'un comble d'une seule portée, disposition dont l'avantage avait déjà été éprouvé.

Pour donner accès aux voûtes, tout d'abord on devait installer en dehors du mur ouest une grue hydraulique, afin de ne gêner en rien les voies dans la gare : mais des recherches ultérieures démontrèrent que cette disposition nuirait à l'emploi des voûtes inférieures et l'on résolut d'installer une grue en face le centre de la station, à l'entrée nord. Il fallut deux voies en plus dans la gare pour donner accès à cette grue. Si la gare avait été en deux portées, il était évident que les murs du centre ou les colonnes eussent gêné l'usage facile de la grue avant que la gare eut été ouverte 18 mois.

Les voies centrales de la gare pourraient être continues comme voies de marche ou remplacées ultérieurement par des quais. Actuellement il y a 5 quais ou plutôt 5 voies à quais et l'on peut au besoin en construire en plus deux quais ou d'avantage.

Dans la discussion qui eut lieu sur le journal (projet et dispositions de gares de chemins de fer) on établissait qu'on avait le projet de placer les bureaux dans une certaine position à la gare de St Pancras. Les remarques, eu égard à la position des bureaux d'enregistrement des bagages (Booking office) furent sévèrement critiquées, mais l'expérience a prouvé qu'ils étaient à la place convenable. Il y avait déjà 3 quais sur toute la longueur de la gare et les quais étaient facilement accessibles en partant des bureaux ; s'ils eussent été au centre des bâtiments, dans la plupart des cas, les voyageurs eussent éprouvé l'inconvénient d'être obligé de parcourir la moitié de la longueur d'un quai pour aborder l'un quelconque des autres.

Il fit tout son possible par rapport à la peinture du comble de St Pancras pour éviter l'emploi de couleurs brun foncé qui le rendaient triste et lourd, nuisant jusqu'à certain point à l'apparence de grandeur qu'eut acquis sans cela la gare. Il pensait que la couleur d'un comble devait, autant que possible, se rapprocher de la nature et certainement jamais il ne vit un ciel de cette couleur, même quand il est brumeux. A plusieurs reprises, il avait discuté cette question avec Mr Barlow et Mr Gilbert Scott, pensant avoir rallié ce dernier à son opinion et obtenir que la peinture fut différente de ce qu'elle est. Il fut frappé de quelques remarques faites à une réunion de la société des Arts, où fut lu un mémoire sur la décoration des surfaces et où l'on effleura la question de décoration des toits. L'auteur de ce mémoire disait que la nature ne se trompait jamais et qu'en décorant des murs on devrait suivre la nature d'aussi près que possible. Quand le ciel est brumeux, c'est un bleue léger ou un gris pâle, à l'état naturel il est d'un magnifique bleu, teinté quelquefois de rouge et d'or, il est certain que si Mʳ Barlow avait adopté ces couleurs pour son toit, l'œil eut été bien autrement flatté par l'aspect qu'il eut eu que par celui qu'il a.

Le colonel Rich disait, en examinant la gare de St Pancras, la plus belle gare de tête de Londres, qu'il y avait 2 points à améliorer dans les constructions analogues à venir. L'un deux était celui-ci : L'effort au sommet des fermes eut dû être le même qu'aux naissances. S'il en était ainsi, le comble eut été allégé beaucoup et eut pu être semblable à toutes les constructions en arc, outre que l'aspect du bâtiment y eut gagné et la dépense amoindrie. L'autre point portait sur la manière dont les pieds des fermes avaient été fixés. Le procédé auquel on faisait allusion, était analogue à celui de la reprise en sous-œuvre d'un bâtiment dont il est impossible de préserver les murs quand les fondations ont cédé. Il pensait que les maçonneries des murs latéraux eussent dû, tout d'abord, être poussées à un niveau convenable et les naissances des fermes ayant été préparées suivant le besoin eussent dû être placées dessus, la ferme aurait alors eu pour point de départ un point fixe, invariable, au lieu de rester suspendue et ajustée par des cales et de construire le mur ensuite comme dans une reprise en sous-œuvre. En disant tout cela il ajoutait qu'en général, dans son ensemble, la construction était fort belle. Il convint avec Mʳ Alport que la couleur du toit nuisait à l'effet général, or la construction à son état primitif avait un aspect plus frappant qu'à présent, mais à cela il était facile de remédier.

Mʳ J. W. Barry fit remarquer qu'il y avait un élément très important de discussion : à considérer pour savoir si un comble devrait être d'une seule grande portée comme celui-ci ou bien de deux portées plus petites et ce point est la valeur du terrain sur lequel on construit le comble. Si le sol a une grande valeur comme à Londres, il pense économique de construire un comble à grande portée ; tandis qu'à la campagne où le sol est comparativement à bon marché, de plus petites portées seraient d'un grand profit. Il avait calculé le prix du pied carré du terrain des gares de Cannon Street et de Charing Cross et avait trouvé respectivement pour chacun d'eux 3 livres 73 centièmes et 2 livres 92 centièmes par pied carré. Si l'on évalue la perte d'espace due à l'emploi de colonnes et l'espace libre nécessaire autour d'elles où elles soient, à 4 pieds de largeur sur la longueur totale de la gare, la perte de terrain à Charing Cross monterait à 8176 livres et à Cannon Street à 13852 livres, si à ce chiffre on ajoute le prix des colonnes, soit pour Charing Cross 960 livres et pour Cannon Street 1260 livres; le prix des colonnes et du sol occupé par elles serait pour Charing Cross 9136 livres et pour Cannon Street 15112 livres. De plus la valeur totale des fermes de Charing Cross était de 9700 livres et de 21898 livres pour Cannon Street: de sorte que d'un côté il eut été nécessaire d'économiser presque le prix entier des fermes et de l'autre 3/4 pour qu'il y eut économie à construire en 2 portées. Il était évident que là où le terrain coûtait 3 ou 4 livres le pied carré, il était économique, sans parler de l'inconvénient des colonnes qui gênaient toujours en interdisant le remaniement de la gare, de n'avoir qu'une seule portée pour utiliser ainsi chaque pouce de terrain acquis à ce prix énorme.

Ce qu'il savait du taux du magasinage à Londres lui prouvait que c'eut été une faute de remplir de terre l'espace dont on pouvait faire des caves dans la gare de St Pancras. Il avait établi précédemment que le prix des ouvrages pour atteindre le niveau, se composant exclusivement de ponts au-dessous de la rivière, des rues et autres ouvrages semblables dans Londres, peuvent être estimés produire près de 5 pour cent de la dépense par le loyer des arches et sous sols jusqu'à niveau. Cette assertion fut mise en doute, aussi étudia-t-il la question de plus près et arriva aux résultats suivants. La construction en sous-sol de la gare de Charing Cross, qui n'était pas encore complètement louée, non compris la partie occupée par le trottoir, &c. coûta 37500 livres; le loyer montait annuellement à 2000 livres ce qui représente plus de 5 % de la dépense. Le sous-sol de la gare de Cannon Street, non compris le pont au-dessus de Thames Street, &c. avait coûté 50000 livres et quoi qu'il n'y eut qu'un peu plus de moitié loué, néanmoins, le loyer à l'heure qu'il est

est de 2550 livres par an, ce qui représente déjà 5 % de la dépense. Les travaux jusqu'à niveau au système des voies du chemin de fer de Charing Cross, au sud de la Tamise et jusqu'à la gare de London Bridge non compris les ponts au-dessous des chemins et l'espace qu'on ne peut approprier au commerce, coûta 117 000 livres. Les arches n'étaient pas encore toutes occupées mais la partie louée produisait annuellement 5500 livres ce qui représente près de 5 % du prix du sous-sol. Cela s'accordait avec ce qu'il avait précédemment établi et si l'on tenait compte du prix de ce qui restait à louer, le résultat surpassait alors son assertion : que les chemins de fer métropolitains sur viaducs traversant des endroits populeux payeraient un intérêt annuel suffisant sur le prix de leur construction jusqu'à niveau de rail, que le chemin de fer ne coûtait rien sur tout cet espace, si ce n'est pour l'espace occupé au-dessous des routes et les ouvrages au-dessous du niveau des rails. Il concluait donc que la dépense des magasins à St Pancras était très-préjudiciense et ne doutait pas que le loyer s'approcherait de ce qu'il prévoyait.

Mr G. H. Phipps dit qu'il avait récemment étudié ces formes dans certains projets de combles qui guideraient naturellement sur leur économie. Quand les portées des espaces à couvrir sont semblables et que les fermes sont de formes ordinaires, comme dans celle de Cannon Street, de Charing Cross ou comme la partie de la gare de Victoria appartenant à la Compagnie du chemin de fer de Brighton ; il est évident, pour ce qui regarde les parties de la ferme qui travaillent en compression ou en extension que plus on les fait élevées, mieux cela vaut ; mais la hauteur de la construction est bientôt limitée par l'économie, en conséquence de l'augmentation nécessaire du poids des étais angulaires (tirants) &c. Il en ressort donc qu'un système quelconque, semblable, par exemple, à celui de St Pancras qui permet d'augmenter largement le rapport de la hauteur à la portée, tout en évitant la nécessité de tirants inclinés doit être par cela même un système économique. Néanmoins, il y avait de considérants qui modifiaient cette conclusion générale, principalement l'effort maximum à la traction et à la compression auquel on pourrait soumettre avec sécurité les fermes en fer d'une construction en arc, efforts dus à la variation de la courbe d'équilibre en dehors de la ligne d'axe de l'arc lorsqu'il est soumis à la force variable du vent.

L'auteur avait assigné 2 tonnes 65 par pouce carré comme pression maximum dans le comble de St Pancras, tandis que dans les fermes analogues une pression double soit 5 tonnes 3 par pouce carré pouvait être employée avec sécurité. Il restait donc à examiner, dans quelle mesure, l'augmentation de hauteur du système en arc de St Pancras compensait la diminution du coefficient de pression qu'on considérait de sécurité. On trouva que la hauteur, dans une ferme, jusqu'à ce que dans le rapport on nomme les naissances, était d'environ 78 pieds avec une ouverture effective à ce niveau, d'axe en axe des pièces principales de la ferme, de 234 pieds. Cela donnait une proportion de 1 de flèche pour 3 d'ouverture. Le rapport de la hauteur à l'ouverture donna les résultats ci-dessous pour les exemples choisis.

Noms des Gares	Portée	Hauteur de la Ferme	Rapport de la hauteur à la portée	Effort proportionnel par pouce carré
St Pancras	234.0	78.0	1 à 3	1.00
Cannon Street	190.5	30.0	1 à 6,35	1.72
Charing Cross	161.9	20.0	1 à 8,08	1.83
Victoria (deux de)	120.0	12.0	1 à 10	" . . "

Supposons le fer, dans chacune des 3 premières portées entières, capable de supporter le même effort par pouce carré, et calculons en nous appuyant sur ce principe: que l'effort et par suite le poids par unité de longueur est comme le carré de la portée, et inversement de la hauteur, les chiffres de la dernière colonne représenteraient le prix relatif de l'unité de longueur de la partie fer de la construction, mais puisque la pression par pouce carré à St Pancras n'a été prise que moitié de celle des autres combles, la dépense par pied de longueur deviendra donc 2,0; 1,72 et 1,83. La valeur additionnelle des piédestaux dans cette partie des fermes de St Pancras qui se trouvaient au-dessous du niveau des rebords, fut sans doute considérable.

En ce qui concerne les portées divisées, comme celles de la gare Victoria, il devient évident pour Mr Phipps (malgré l'économie due à la réduction des portées, le rapport de la hauteur à la couverture restant constant) que le faible rapport de la hauteur à la portée dans les exemples précités, toutes choses égales d'ailleurs, conduit naturellement à un excès de dépense. L'introduction de colonnes à St Pancras eut été particulièrement regrettable même si les dispositions générales l'eussent permis, à cause de la grande profondeur à laquelle on eut été obligé de porter les fondations. La charge élevée, 70 livres par pied carré en plan, accordée à Mr Barlow avec un coefficient de pression aussi faible que 2t.65 par pouce carré, conduisit naturellement à une dépense dans le comble de la gare de St Pancras, excédant celle d'autres couvertures calculées sur une base plus faible.

Mr C. Markham partage l'opinion qu'une gare de ce système possède de grands avantages. Les directeurs de chemins de fer avaient toujours rencontré de grandes difficultés dans le remaniement des quais pour faire face à l'augmentation des transports. Le principe d'un comble à une portée débarrassé de colonnes était d'une grande importance. Il espérait qu'on ne défigurerait pas la gare par des cadres d'affichage posés sur les murs. Un des architectes les plus renommés de l'Europe conçut une construction qui honore le pays et les chemins de fer, mais aussitôt terminée, elle fut couverte de cadres d'affichage. Au premier abord le comble lui produisit un effet désagréable qu'il admira de plus en plus chaque fois qu'il eut l'occasion de le voir. Il tombait d'accord avec Mr Alport que la peinture pouvait être améliorée. Il avait toujours pris grand intérêt à cette construction parcequ'il connaissait les vues de Mr Barlow depuis la conception du projet. Il se perdait en cherchant à comprendre pourquoi le colonel Rich critiquait le mode de levage de la construction. Il est immaginable qu'un bâtiment aussi considérable fut aussi parfait et quand on sait que les fermes n'ont subi au levage qu'un affaissement insignifiant, on peut regarder l'œuvre comme parfaitement réussie au point de vue mécanique.

Comme explication, M. Alport ajouta que la gare avait été construite pour le commerce et comme les cadres d'affichage rapportaient à la Compagnie du Midland 1000 livres par an, il ne pensait pas qu'on put les blâmer pour les avoir disposés. Ils étaient tous d'une teinte légère et en grande partie rompaient la monotonie que le comble eut eu sans cette disposition. Si la couleur du comble était modifiée peut être les directeurs seraient-ils conduits à se défaire de quelques uns des cadres d'affichage.

M. J. Heppel évalue l'excès de dépense de ce comble en une portée au lieu de deux, à environ 6500 livres, mais ce surcroît de dépense était pleinement justifié par l'amélioration de disposition prouvée par une portée unique. En outre, le grand développement de ligne et le grand capital de la Compagnie du Midland font de cette dépense une différence infinitésimale en égard à la valeur du stock consolidé, ce qui contrastait singulièrement avec la question récemment discutée de la dépense sur le chemin de fer San Paulo. Dans ce dernier cas, sans doute, une sage réserve fit adopter un mode de construction plus économique. Dans ce dernier cas de la décision dépendait la vitalité de l'entreprise; dans le premier faire l'économie sus-mentionnée eut été un acte de parcimonie dont M. Barlow n'eut été remercié ni par le public ni par les actionnaires.

Quant au système mécanique de la construction, il pensa, quand il fut établi qu'une des conditions était que le contour de la ferme entre ses deux membres principaux du haut et du bas, devaient renfermer toutes les lignes de pression, qu'on pouvait imaginer d'après le galbe qu'on ne devait descendre qu'aux naissances où finissait le travail ouvert. En effet une ligne quelconque faisant un angle de 55°, mclunaison étudiée des lignes de pression en ce point quelque fut le sens de la naissance, devait passer en dehors la base de la ferme entière. Cela conduisait à ce que l'on nomme un moment fléchissant ou effort transversal et la liaison avec la partie inférieure devait être plus énergique que celle d'une simple ferme avec son tirant.

La construction solide et résistante qui existait à la place de ce qu'

nomme tirant ainsi que le pied de la ferme, chassait toute espèce de crainte
de ce côté. Néanmoins il pensa qu'il fallait voir dans cette construction
autre chose que ce que l'on observait habituellement dans une butée d'un arc
équilibré et le tirant. Il semblait y avoir contradiction dans le mémoire, la
ferme étant traitée comme si elle avait toute la hauteur jusqu'au tirant
et les autres fermes comme n'allant que jusqu'aux naissances seulement.

On a mis en avant en ce qui regarde la ferme limite, une question
qui mérite plus d'étude qu'on ne lui en a généralement accordé. Il croit
qu'une recherche soigneuse permettrait de trouver un module de fermes
limites permettant de déterminer les valeurs relatives de types variés des
constructions, et aussi d'arrêter des projets particuliers quels qu'ils fussent,
la ferme limite étant établie sûrement en partant de bons projets du type considéré.

M. J. W. Grover dit que s'occupant en ce moment de la construction
d'un comble de dimensions équivalentes à celles du comble de la gare St
Pancras, il avait quelques remarques à faire. D'abord il attire l'attention
sur le point de rupture qui semble être immédiatement au-dessus des
naissances. Concevons l'arbalétrier retourné et articulé, chacune des sections
étant réunies par des charnières afin de nous rendre bien compte. De cette
façon nous obtenons une chaînette, et au point au-dessus des naissances
l'angle de la ligne de pression étant de 55° qui était plus ouvert il y avait
de la part de l'arbalétrier un plus grand écart de cette ligne qu'en tout
autre point, donc c'est en ce point qu'aurait lieu la rupture. Au point
de vue architectural, il considère le comble comme très beau, mais il ne
conçoit pas sur quels principes on s'est appuyé pour faire un sommet
pointu à l'arc. Quelles que soient les circonstances, la pression doit être
horizontale au sommet et dans le mémoire cette pression est établie de 89 tonnes
donc la poussée en bas est la même. Avec un tirant portant 89 tonnes à
3t 1/2 du pouce carré, pression maxima qu'il suppose adoptée dans le
cas présent, une section de 25 pouces carrés 1/2 serait nécessaire et en
admettant 10 pour cent pour les rivures, cela donne une section de 28 pouces
carrés, dont la section totale métallique doit contenir 28 pouces carrés.
Ce qui donne sur une longueur de 260 pieds, un poids de 101 tonnes 18 quintaux

comme poids du tirant.

Maintenant si nous avions à faire à un arc et à une ferme à tirant en considérant le poids de la ferme entière nous devons tenir compte aussi du poids du tirant. Le poids de la ferme était de 54 tonnes 16 quintaux et en ajoutant le poids du tirant 65 tonnes 14 quintaux; le tirant valant 13 livres 10 shellings la tonne donne un prix total de 201 livres 13 sh. qui ajouté au prix de l'arc donne 1333 livres 17 sh. pour l'ensemble ou près de 3 livres en plus de ce qui a été établi. Par yard carré on pourrait dire que le tirant fut formé partiellement du treillis et des membrures comprimées des longrines du plancher et que lorsque ces membrures furent unies en tension, les efforts furent les uns positifs et les autres négatifs et s'annulaient mais il suppose les longrines continues et la ligne de pression alternativement dans les ailes supérieures et inférieures, aussi est-il à peine possible de se rendre compte de la tension totale des membrures comprimées. On pourrait dire que les plaques d'assemblage forment une section travaillant à l'extension et qu'elles font face jusqu'à certain point à toutes les nécessités.

Il semble aussi digne d'examiner si les naissances des arcs qui sont si près du sol n'eussent pas été plus utilement reportées et par suite tout le comble 14 ou 15 pieds plus bas en se servant du sol comme buttées. Si l'on avait procédé de cette manière aucun tirant n'eût été nécessaire et le sol de la gare eut pu être construit eut pu être construit en arcs de briques qui eussent été indestructibles. Si nous supposons que ces arcs eussent coûté aussi cher que ceux des viaducs de Betterson de 30 pieds de portée soit 3 livres par yard, le prix total eut été le même et l'œuvre éternelle au lieu de se composer de fer forgé mince qui nécessite une peinture et qui comparativement n'a qu'une existence de peu de durée.

La charge de ce comble fut établie de 70 livres par pied carré mesuré sur place non compris le poids des fermes, mais il pense que cela vaudrait la peine pendant qu'on s'en occupe de rechercher une solution certaine du poids qu'on peut adopter dans des cas analogues, parce que

70 livres par pieds carré était selon lui la charge accordée pour la charge totale d'épreuve du pont suspendu de Clifton et du pont de Westminster. Si l'on doit entendre que le poids que le poids de cette couverture est égal à celui des passagers et des véhicules sur le pont de Westminster, il faut établir ce point avec soin. Selon lui, jamais un comble n'a dû supporter des charges aussi considérables. En égard au poids des fermes, il avait calculé des poids comparables avec ceux du comble de Birmingham de New Street, se servant de la règle même de Mr Barlow qui dit que le poids varie comme le carré de la portée. Le comble de la gare de New Street à Birmingham avait une portée de 212 pieds et les fermes pesaient 25 tonnes. En faisant la comparaison avec St Pancras et en admettant pour la différence dans la largeur du comble, les fermes pèseraient 41 tonnes 1/2 au lieu de 66 tonnes à St Pancras, différence très importante et bien plus considérable qu'on ne l'imaginerait à première vue.

Il ne reste plus qu'un point auquel il désire faire allusion ; c'est le faible effort à la compression adopté pour le métal au sommet : il ne peut pas comprendre pourquoi on n'accepte pour le sommet qu'un effort de 1 tonne 3/4 tandis qu'à la partie inférieure on adopte 3 t. 1/2. Si les efforts venaient de la partie intérieure de l'arc, il pourrait y avoir alternativement compression et tension sur les ailes, et conséquemment une aile pourrait être faite assez résistante pour supporter la tension toute entière et l'autre assez forte pour supporter la tension totalement. Il y avait 46 pouces dans l'arc entier, mais il était possible dans certaines circonstances qu'une aile fît tout le travail et l'autre rien du tout, c'est-à-dire que tout l'effort se reportait sur 23 pouces. Quoique le vent eut beaucoup d'effet sur ces grands combles, il pense que l'effet sur une construction en arc est inférieur à celui qu'il a sur un anémomètre sans cela, certaines constructions qu'il connaît eussent été renversées il y a longtemps. Pour conclure, il répète, que personne ne peut regarder sans l'admirer le comble de St Pancras, que tout le monde est obligé de dire qu'il embellit la métropole, fait honneur à la Compagnie des chemins de fer qui le possède et à l'ingénieur qui l'a projeté.

M. E. A. Cowper dit qu'il pense que M. Barlow entendait que l'arc véritable commençait du sommet des parties garnies de plaques des piliers, rendus solides par de puissants boulons de fondation non seulement jusqu'au plancher, ce qui n'eut pas suffi, mais jusqu'aux fondations; de sorte que c'étaient autant d'arbres de grues susceptibles de recevoir la poussée horizontale à leurs sommets, portant ainsi le véritable arc qui était uniforme, ou presque la section uniforme puisque l'effort à la compression ne variait pas beaucoup dans tout l'arc. Quoique l'angle très léger formé par l'arc au sommet, put paraître susceptible de critique, en ce sens qu'il abandonne la courbe véritable des efforts, il n'en est rien; car, en tant qu'une chaînette qui est la courbe du comble lorsqu'il est également chargé, a une courbure plus marquée au sommet que partout ailleurs, l'angle léger à cet endroit de l'arc donne pratiquement une courbure plus marquée et de cette façon l'arc coïncide avec la chaînette beaucoup mieux qu'il ne l'eut fait s'il n'y avait pas eu d'angle. Il trouve en examinant la forme de l'arbalétrier arqué, qu'une chaînette passerait à l'intérieur du sommet d'un des piliers ou arbre de grue au sommet de l'autre, quoique à certains endroits elle serait plus près de l'intérieur et à d'autres plus près de l'extérieur de l'arc; en effet dans l'arbalétrier de 6 pieds de hauteur elle passe à environ 2 pieds du bord à la naissance et à environ 1/4 de la distance au sommet de l'arbalétrier. Avec la charge indiquée par M. Barlow, l'effort à la naissance est d'environ 155 tonnes et au sommet d'environ 104 tonnes. La ligne de pression de l'arc passerait en dehors des pieds des piliers de façon qu'on n'aurait pas pu les faire simplement de parties de l'arc proprement dit sans peine de les mettre en porte à faux puisqu'elles eussent été en dehors de la ligne de pression.

Comme on a fait allusion au comble de la gare de Birmingham ainsi qu'au prix des autres combles, il croit pouvoir faire remarquer que quoique la portée du comble de la gare de New Street à Birmingham ait 28 pieds de moins que celui de la gare de St Pancras il a encore l'aire totale la plus grande et est encore le plus grand comble du monde. Son prix est tellement en dessous de celui de plusieurs autres semblables qu'il pensa utile de rechercher pourquoi il en était ainsi. Le prix compris tous extras et travail en général n'était que de 17 livres 15 sh. 1 d. par yard carré y compris deux pignons fermés.

Les entrepreneurs qui concoururent pour le comble de la gare de Birmingham furent laissés libres de dire le projet qu'ils jugeaient convenable, le plan du terrain étant seul donné, on pensait d'ailleurs que le prix devait être très-bas. Cependant quand on vit que les rails couraient parallèlement seulement au milieu de la gare, laissant place pour un ou plusieurs rangs de colonnes, mais qu'à chaque extrémité ils formaient un éventail de 2 ou trois voies et qu'à chaque extrémité, tout le terrain étant sillonné de machines et de trains, qu'il était impossible d'y mettre des colonnes, on considéra que les extrémités de la gare devant être d'une seule portée, il vaudrait mieux en faire autant partout avec un comble hardi, plus grand que tous ceux essayés jusqu'alors, mais qu'il fallait une économie rigoureuse dans toute la construction. L'arc lui-même n'avait que deux lignes de rivets, donc le travail fut très-économique, les fers d'angle (cornières) furent à branches inégales afin de fournir des ailes à grande projection. L'élévation de l'arbalétrier étant modérée et la hauteur de l'arc suffisante, une véritable chaînette d'efforts passait par lui et ne déviait que peu de la ligne centrale, et comme le treillis était léger et que la plus grande partie du métal fut disposé en grands fers cornières à ailes inégales, l'arbalétrier, vu son poids, était très raide à la compression et fut conséquemment très économique. L'arbalétrier garda sa forme verticale grâce aux diagonales allant de lui au tirant et aux supports ; l'alignement fut conservé horizontalement par les pannes et les contreventements de façon qu'ils ne pouvaient fléchir ni porter à faux, si ce n'est en cédant par compression entre deux supports. Les tirants furent plus économiques pour leur travail qu'ils ne le sont généralement. La couverture fut faite en tôle ondulée par économie. Si elle eut été composée de bois et d'ardoises, il eut fallu compter plusieurs shellings en plus par yard carrée et le poids des pannes et des fermes eut été plutôt plus considérable.

Un élément de dépense motivé par un grand désavantage du comble de Birmingham provient de ce qu'il faisait la pointe et non seulement une pointe, mais deux pointes différentes. Néanmoins la disposition adoptée dans le comble de la gare de Tithebarn Street, à Liverpool où il y avait plus de seize cents dimensions, fut employée pour ce comble où se trouvaient deux mille cent soixante-quatre dimensions. Les fermes étaient toutes semblables quoique de portées différentes. Lorsque la plus grande et la plus petite ferme d'une travée aigue fut tracée, on décida d'adopter les dimensions les plus grandes et les plus petites d'une quelconque des portées, et divisant la différence par le nombre de baies ou de fermes afin de trouver la portée de chaque ferme. Ce mode de procéder ne répond pas à la circonstance à moins que les fermes ne soient semblables. La moindre variation dans les angles, ou la moindre tentation pour conserver le niveau du sommet, &c., sont fatales à la disposition. Lorsque ce plan fut adopté, on dut faire un tableau complet de toutes les dimensions et une copie de toutes les dimensions de chacun des parties dut être dressée pour les ouvriers élevant chacune des parties; chaque partie dut être poinçonnée scrupuleusement [illegible] de la fer laquelle il appartenait. De cette façon on ne rencontre aucune difficulté et il s'ensuit un faible excès de dépense quoique les diverses parties d'une ferme ne puissent servir à aucune autre. Une des fermes du comble fut éprouvée à 40 livres par pied carré en plus de son propre poids; de plus moitié, puis les 3/4 de cette charge furent successivement élevés d'un côté, afin d'exagérer les effets d'une pression semblable à celle qui proviendrait d'une bourrasque agissant sur le côté. Ce comble a supporté depuis son érection, le poids de deux pieds de neige environ.

M. Barlow en réponse à la discussion, attira l'attention sur la position de la ligne de pression par rapport aux naissances. M. Grover établit que la ligne de pression, avec une inclinaison de 55° sortirait de la construction, mais M. Grover avait oublié de tenir compte du poids du mur dont l'effort est de faire rentrer intérieurement la ligne de pression, de sorte qu'en fait; la courbe de pression est réellement ramenée vers le centre du pilier. On avait dit avec raison que la maçonnerie et l'ouvrage en fer, liés ensemble par les boulons de fondation agissaient comme une culée au point où commence la naissance de l'arc. On avait objecté que si l'on devait placer un tirant supportant une pression de 3 tonnes 1/2 au prix de 18 livres par tonne, le prix final eut été plus considérable, mais ici le tirant existait déjà et donna naissance par sa présence au comble même. Il supporte un certain effort de tension, mais il considère qu'en conséquence des dispositions, l'effort sur le tirant est réellement très faible.

Quant à la couleur de la gare, il n'a qu'une chose à dire, c'est qu'il a choisi la couleur qui put souffrir le moins de la saleté provenant de la fumée des locomotives. Il est véritable qu'il y a excès de force au sommet du comble, si l'on ne tient compte que des efforts verticaux qu'il supporte ; mais lorsque l'action latérale d'un comble de cette nature, qui n'est pas lié par des tirants, entre en ligne de compte, on voit qu'il y a danger à ce qu'il se déforme et qu'à cet égard il y a non seulement avantage à avoir de la force au sommet, mais en outre cela évite l'introduction de plusieurs calibres de fers laminés. Le colonel Rich avait critiqué la manière dont on a repris les butées en sous. œuvre. Néanmoins il pense avoir employé à cet égard le meilleur procédé. Le large patin fut assis à sa place d'un seul coup. Il fut enlevé par des charpentes, ajusté, puis la maçonnerie fut montée jusqu'à lui en briques bleues posées au ciment. Il fut conduit à employer ce procédé parcequ'il fut fait dans ce cas des plaques d'ancrage du pont suspendu de Clifton où il avait à lutter contre un effort plus considérable que tous ceux qu'il avait rencontrés jusqu'alors et qu'il rencontrera probablement jamais. L'arc fut enlevé de la culée, la plaque d'ancrage mise en place et l'ouvrage élevé en brique bleue et ciment. Le résultat fut d'une stabilité parfaite quelque fut l'effort à supporter par les plaques. Il rencontra le même résultat à St Pancras et selon lui la reprise en sous-œuvre, comme on la nomme, est le meilleur moyen de construire une assiette solide pour un grand socle métallique.

M. Vignoles, Président, dit que le seul point sur lequel il voulait dire un mot avait rapport à ce que l'on nomme le tirant. Pratiquement il ne peut y avoir aucun effort, car indépendamment de la construction particulière, il est supporté en un très-grand nombre de points qui par eux-mêmes divisent les efforts, s'il y en a ; et ceux-ci seraient moindres qu'on ne les suppose théoriquement.

Cette note est le résumé de la discussion ouverte à la société des Ingénieurs civils sur le comble de St Pancras. Ce résumé a été écrit par M. Barlow qui m'a autorisé d'en faire la traduction.
Rouen le 20 Juin 1875.